KB070382

적정
소비
생활

적정 소비 생활

생활경제코치
박미정의
불안이 사라지는
돈 관리

씨네21북스

왜,
지금 돈 관리인가?

신용 위기에서
돈 관리 전문가로

—

타인의 돈 문제 해결을 돕는 일, 그것이 나의 직업입니다. 이런 일을 하는 직장에 취직한 게 아니고, 이런 직업 분류 코드도 없습니다. 그냥 스스로 '돈 관리 교육'을 하고 '돈 문제 코칭'을 하며 '돈 문제에 대한 기사'를 쓰고 라디오 방송을 하는 것이 요즘 나의 일입니다. 오만 가지 돈 문제가 도처에서 우리를 괴롭히고 있기에 그 원인이 뭔지, 해결책은 뭔지, 전문가랍시고 떠들고 삽니다.

돈 문제 전문가라고 하면, "돈 관리도 굉장히 잘하실 테고, 돈도 꽤 많이 모아 놓으셨겠어요."라는 말을 참 많이 듣는데요, 내 스스로 돈 관리가 잘 되어 돈 문제가 없었다면 이런 일은 시작도 하지 않았을 것 같습니다. 그냥 그렇게 계속 잘 살면 그만이지, 뭐 하러 남의 돈 문제에 관심을 갖고 해결을 돕겠다고 나서겠습니까. 비교적 이른 나이에 신용불량에 개인파산까지 두루 경험하면서 깨닫게 된 뼈아픈 교훈이 이런 직업적 소명을 갖도록 만든 건지도 모르겠습니다.

자기 돈 관리도 제대로 못 했으면서 다른 사람에게 이래라 저래라 할 자격이 과연 제게 있는 것일까요. 그래서 저는 재테크 교육이나 일반적 재무 상담처럼 훈수 두는 일은 못 합니다. 사실 그쪽으로는 '젬병'이고 크게 관심도 없습니다. 다만 알코올 중독을 극복한 사람이 술의 위험성과 술로부터의 자유에 대해 간증하러 다니듯, 비교적 이른 나이에 돈 문제로 이 고생 저 고생 해보고 이를 나름대로 극복하고 사는 노하우를 전달할 뿐입니다. 돈에 관하여 마침내 일시적이나마 평안의 균형점에 이른 경험을 이야기하다 보니 그것이 자의 반 타의 반 직업이 된 것입니다.

끝까지 읽어보시면 아시겠지만, 평안은 돈의 양과 꼭 비례하는 것만은 아닙니다. 더 많이 갖고 있어야만 안전할 것 같은 소유 강박이 오히려 수많은 불행을 만들기도 합니다. 결국 제 처절한 돈 문제는 지금 내가 사는 세상 속 돈 문제의 본질을 이해하고, 그 속에서 아등바등하는 제 삶을 보고, 이제 남은 생을 어떻게 살 것인가를 생각해보도록 하는 소중한 계기가 되어주었습니다.

신용카드를 빌려주었다 치른 커다란 대가

—

제 만신창이 신용등급은 1990년대 말 신용카드를 남발하던 시기에 어렵지 않게 만든 '플래티넘' 카드의 '찬란한 혜택'을 맛본 데서 시작되었습니다. 직원들 급여도 제때 지급하지 못하면서 코스닥 상장에만 열을 올리던 어느 벤처 기업의, 연봉 삼천만 원도 채 되지 않는 20대 후반 팀장에게 한도 천만 원짜리 플래티넘 카드가 발급되자 주위 사람들이 일거에 '워~' 하면서 부러워했습니다. 당시 대부분의 신용카드 한도가 오백만 원 정도였거든요. 신용 한도가 무슨 재산도 아닌데 동료들은 툭하면 '플래티넘' 카드를 가진 사람이 한턱 쏘라고 했습니다. 그런 부추김이 그닥 싫지 않았는지 종종 기분 좋게 한턱 쏘기도 했고, 좋은 팀장이고자 팀원들에게 기분도 여러 번 냈습니다. 결국 코스닥 상장이 물거품이 되어 회사가 하루 아침에 공중분해되던 날, 3개월치 밀린 급여가 고스란히 플래티넘 카드 결제액이 되어 제 손에 남았습니다.

당시 선구자적으로 리볼빙 결제 서비스를 하던 이 멋진 외국계 은행의 '플래티넘' 카드 덕분에 사용정지 당하지 않고 연명할 수 있었습니다. 원금을 아주 조금만 결제해도 이자만 내면 연체시키지 않고 계속 카드 사용을 가능하게 하니, 무조건 다음 달 결제일에 갚아야 한다며 으름장 놓는 다른 카드사보다 우아하고 너그러웠습니다. 훗날 생각해 보니 리볼빙 결제 서비스란 차곡차곡 카드빚을 늘려 나가기 딱 좋은 '카드빗의 늪' 같은 거였지만요.

3개월 만에 다른 회사에 입사했을 때 나의 카드 결제 대금은 큰 소비 없이도 천만 원(!)을 훌쩍 넘어서고 있었습니다. 이 와중에 놀랍게도 우량회원이라며 카드 포인트로 스와로브스키 목걸이와 접이식 자전거를 받았습니다! 속사정을 상세히 알 길 없는 지인들 사이에서 나의 놀라운 카드 혜택(?) 신공은 무용담처럼 회자되고 있었습니다. 사실 은근히 자랑하고 돌아다니며 본의 아닌 카드 홍보를 해댄 장본인도 바로 나 자신이었고요. 조금만 상식적으로 생각해보면 도대체 카드를 얼마나 써댔기에 저런 선물씩이나 받을 수 있었느냐며, 자랑할 일이 아니라고 핀잔을 받을 법도 했지만, 다행인지 불행인지 그런 상식을 들이미는 사람은 없었습니다.

이 빚을 말끔히 다 청산하는 데 정확히 7년 걸렸습니다. 원금은 둘째 치고 그 이자들 다 어쩌면 좋단 말입니까. 원금 대비 이자를 얼마나 갖다 바쳤을지는 어림짐작도 되지 않습니다. 그저 이자 총액이 원금 이상은 아니었기를 바랄 뿐입니다. 종종 내가 이유 없이 우울하다면 그건 그때 하릴없이 쏟아 부은 이자비용 때문일지도 모른다고 농담하듯 이야기하곤 합니다. 사실 정확히 말하면 5~6년간 쩔쩔매며 리볼빙의 늪에서 허우적거리다가, 2006년부터 보험회사 FP로 일하면서 1년 만에 몽땅 해결한 것입니다.

예전 연봉을 한 달 월급으로 받은 적도 있을 만큼 영업 실적은 꽤 괜찮았습니다. '그래, 역시 많이 버는 게 중요한 거구나. 더 열심히 일해서 더 많이 벌자.' 그런데 더 열심히 일하기 위해서는 더 많은 비용이 들었습니다. 내 월급처럼 보이는 돈 속에는 영업 활동비는 물론 더 괜찮아 보이는 자신을 연출하기 위한 자기 투자비용도 만만치 않게 포함되어 있었습니다. 많이 벌면서 검소하게 산다는 것은 어떤 의미에서는 도리에 어긋나는 일 같았습니다. 많이 버는 사람은 가족에게, 고객에게 그리고 동료들과 지인들에게도 많이 베풀어야 하는 의무 같은 것이 생깁니다. 어렵사리 카드빚을 다 갚았지만 또다시 신용카드 평균 결제금액은 사, 오백만 원을 육박하기 시작했습니다.

그 즈음이었던 것 같습니다. 곳간에서 인심 난다고 제 상황이 비교적 여유로우니까 상황이 급작스레 어려워진 지인에게 호기롭게 신용카드를 빌려줄 수 있었습니다. 나쁜 사람이어서가 아니라 상황이 어려워서 카드 대금은 연체되었고, 난생처음으로 '채권추심'이라는 것에 시달리는 지경에 이르러서야 연체의 심각성을 깨닫게 되었습니다. 누가 돈을 썼건 간에 내 명의의 카드였으므로 내가 갚아야만 내 신용문제가 해결되는 것입니다. 하지만 부모님 집에서 독립해 보증금에 가진 돈 다 넣었던 당시의 내게 그런 여윳돈이 있을 리 만무했습니다. 다행히 1년 만에 그 지인에게 원금 사백만 원을 받아 해결했지만, 그간 내가 해결한 이자만 원금의 절반에 달했고 나의 만신창이 신용등급은 이제 회복 불능 상태처럼 보였습니다.

'살다 보면 이럴 때도 있는 거지.' 하며 호기롭게 넘기려 했습니다. 이미 지나간 일이니까 돈 아깝단 생각으로 괜한 후회는 하지 말자 다짐

하기도 했고요. 괜히 자꾸 돌이켜 곱씹어봐야 내 자신에 대한 몹쓸 모멸감만 가중될 테니 말입니다. 돈 잃고 사람 잃는 것이 세상에서 가장 미련한 짓이라고 했으니, 돈은 잃더라도 사람에 대한 신뢰만은 잃지 말자, 뭐 그런 생각이었습니다. 궁상 떨지 말고 까짓 거 그냥 더 벌자. 더 유능해짐으로써 한심한 과거일랑 훌훌 날려버리자. 영업일이란 건 얼마든지 마음먹은 대로 더 벌 수 있는 거잖아, 자기계발서로 의욕을 고양시키며 대인배 코스프레에 한창 열을 올리고 있을 때 예기치 않은 사건이 벌어졌습니다.

주가폭락으로
금융시스템의 허상을 직면하다
–

2007년 하반기부터 주가가 하릴없이 곤두박질치기 시작했습니다. 승승장구하던 펀드 수익률을 보며 이제 과거와는 다른 차원의 금융시대가 열린다는 흥분에 잔뜩 들떠 있던 나와 주위 사람들은 당황스러웠습니다. 내가 잘못한 것도, 회사가 잘못한 것도 아닌데, 고객들이 애써 모은 돈에 마이너스 수익률이 나타나기 시작했습니다. 글로벌 금융 위기라서 어쩔 수 없다고 했습니다. 가장 수직 상승하며 열풍을 몰아가던 차이나펀드의 낙폭은 공포스러울 정도였습니다. 열심히 일해 번 돈을 맡긴 건데 결과가 이러면 안 되는 거잖아요. 대체 내가 사랑하는 사람들에게 무얼 판 건가 싶었습니다. 추풍낙엽처럼 무심히 떨어지는 각종 주가지수 앞에서 내가 할 수 있는 일이란 아무것도 없었습니다. 그제야 불현듯 깨달았습니다. 내가 판매한 펀드 상품에 대해 어떤 면에서는 전혀 아는 것도 없고 통제할 수도 없다는 것을 말이죠. 그 동안 내가 책임질 수 없는 일을 해온 것입니다.

정작 저보다 오히려 고객 분들이 의연했습니다. 주가란 게 오를 때도 있고 떨어질 때도 있으니 장기적인 안목으로 봐야 하는 거라면서 너무 일희일비 하지 말자고 위로했습니다. 때론 저 역시 이와 같은 말로 불안해하는 고객들을 위로하기도 했지만 상황은 달라지지 않았습니다. 물론 주식이 그렇다는 것은 누구나 다 아는 사실입니다. 투자하기 전에도 '원금손실'이 발생될 수 있음을 분명히 고지 받습니다. 그러나 그런 이론들이 실제 현실이 되었을 때, 우리가 대체 무엇을 알고 있었던 것인지 황망해지고 말았습니다. 곧 보증금 올려줘야 하고 자식 등록금 내야 하는 그 돈이 반 토막 나는 경험을 하게 되면 얘기가 달라집니다. 수익률 욕심에 따른 대가라고 하기엔, 은행보다 조금 더 수익을 바랐다는 작은 욕심만으로 그런 일을 당해야 한다는 것은 어찌 보면 과도한 형벌이었습니다. 대체 뭐가 어디서부터 잘못된 건지, 책임자가 누군지만 알 수 있어도 억울함은 덜했을 것입니다. 가해자는 없는데 피해자의 선혈만 낭자한 이 시대의 금융시스템은 허황된 꿈을 파는 실체 없는 신기루 같았고, 이러한 통제 불가한 상황 속에서 저는 많이 괴로웠습니다.

불편한 진실에 직면해야만 했습니다. 결단코 그 동안 내가 영업을 잘해서 돈을 잘 번 것이 아니었던 겁니다. 그냥 '운' 같은 거였습니다. 운 좋게 마음으로 도와주는 지인들이 많았던 거였고, 운 좋게 활황 국면이어서 사람들의 마음에 제법 여유가 있었던 거였습니다. 국내외 할 것 없이 주가가 계속 오르면서 사람들이 투자를 삶의 일부인 양 당연하게 받아들이던 상황에 편승하여 아무 생각도, 별다른 배움도 없이 그렇게 하루하루를 살았을 뿐이었습니다. 주가가 썰물처럼 빠지고 내 일자리의 맨몸이 드러나고 보니, 저라는 사람은 완전히 무기력했습니다. 몰라서 당했다고 하기엔 투자에 대해 공부하면 공부할수록 그 불확실성과 통제 불가능성에 마음만 답답해져왔습니다.

돈은 한정된 재화라는
깨달음

—

그러다가 아주 우연한 기회에 '사람 중심의 돈 관리' 경제 교육을 알게 되었습니다. 삶에서 경제 개념이란 한정된 재화를 우선순위에 맞게 배분해서 쓰는 것이지, 재테크로 돈을 불리는 기술이 아니라고 했습니다. '아, 돈이란 무한정 쓸 수 있는 게 아니라 한정된 거였지.' 당연한 말에 얼토당토 않게도 깊은 감동을 받았습니다. 제 자신이 돈과 경제생활에 대한 기본 철학 없이 무작정 먹고 사는 핑계로 피 철철 흘리고 고생한 거였구나 싶어 마음이 아려왔습니다. 신용카드라는 도깨비 방망

이를 들고서 내가 얼마나 내 것도 아닌 돈을 마치 내 능력인 양 용감하게 무한정 써댔는지 뼈아프게 자각하던 순간이었죠. 그간 같잖은 허세에 취해 소중한 삶의 가치들을 낭비한 것입니다. 비로소 신용카드로 메워지지 않는 거대한 구멍 같은 공허를 직면하게 되었습니다. 많이 벌기만 하면 카드빚도 단번에 해결되고 모든 돈 문제가 사라질 거라 여겼지만, 돈을 제대로 쓸 줄 모르니 돈이 생겨도 문제는 해결되지 않았습니다. 삶은 길들여지지 않은 야생마처럼 펄펄 날뛰어서 도무지 통제 불가 정신을 차릴 수가 없었습니다. 이 야생마부터 길들여야 했습니다. 살면서 지출이란 불가피한데, 이 지출부터 제대로 정립해야 앞날에 대한 준비도 비로소 가능해지는 것임을 뼈저리게 깨달았습니다.

한정된 재화를 자신의 우선순위에 따라 잘 배분하는 것이 경제라는 것을 정말 몰랐던 것일까요? 뭐든 한 번에 다 해결할 순 없으므로, 삶에는 우선순위가 있게 마련이라는 것도 몰랐다고 하기엔 너무 당연한 말입니다. 자기가 안다고 생각하는 모든 가치들에 대해 그저 제대로 생각해볼 시간도 기회도 없었을 뿐이었습니다. 교육을 받자마자 우선 신용카드부터 다 잘라버렸습니다. 무조건 내 지갑 여력 내에서만 '현금'으로 소비했습니다. 처음에는 무척 불안하고 고통스러웠지만 이내 놀라울 정도로 경제적 토대가 안정되기 시작했습니다. 무엇보다 경제가 안정되자 기대 이상으로 심리적으로도 안정되었습니다. 생각보다 마음의 안정을 위해 큰 돈이 필요하지는 않았습니다. 이런 경험을 바탕으로 자연스럽게 나는 이 안정감을 알리는 전도사로 일하게 된 것입니다.

적정 소비,
100세 인생을 대비하는 자세

—

돈 이야기를 하는 것은 생각보다 쉬운 일이 아닙니다. 돈은 항상 양가감정을 불러일으킵니다. 너무 돈돈거리며 살고 싶지 않은데, 결국 돈이 삶에서 매우 중요해지는 경우를 자주 접하게 되기 때문입니다. 그때마다 느끼게 되는 갈등은 우리 마음속에 깊은 자괴감을 심어놓습니다. 돈은 사람을 위한 수단이지 그 자체가 삶의 목적은 아니라는데, 현실에서는 돈을 위해 사람이 수단이 되는 경우를 너무 자주 보게 되니까요. 돈을 벌기 위해 일정 정도 나를 희생(?) 혹은 헌신(?) 하는 게 불가피하잖아요. 일하는 게 재미있고 신나고 배울 점이 많아서라기보다 카드값 때문에 좀비처럼 출근할 때가 훨씬 많은 게 우리 모습입니다. 정작 돈이 우리의 삶을 위하는 수단이 되어줄 때는 그 어렵사리 번 돈으로 '소비'하는 순간입니다. 그래서 일하는 순간보다 소비하는 순간이 더 즐겁고 자기 위로를 받는 느낌이 드나봅니다.

만약 우리 인생이 50세쯤 끝난다면 그깟 인생 화려하게 불태우며 내키는 대로 살다 가도 됩니다. 하지만 우리는 이제 100세 인생 시대를 삽니다. 돈에 대한 모든 고민은 사실 여기서 비롯됩니다. 지속가능한 삶을 위해, 우리 자신이 수단이 되어 돈이 목적이 되는 시간과 그 돈이 수단이 되어 우리 자신이 목적이 되는 시간의 절대적인 조화가 필요합니다. 우리가 젊은 시절 돈을 벌 때는 벌고 쓰는 균형이 일순간 맞지 않더라도 크게 문제가 되지 않지만, 돈을 벌기 어려운 나이로 너무 오랜 시간 살아내야 한다는 게 문제입니다. '벌 수 있을 때' '벌기 어려운 때'를 대비하는 장기적 관점의 '지속가능한 생존'을 위해 지금 자신의 여력 안에서 자신의 우선순위대로 소비하는 적정 소비 감각을 갖는 것이 절실합니다. 행복은 무조건적 풍요가 아니라 절제와 균형 속에서 이루어진다는 교훈을 믿기 때문입니다.

지금 여기의 행복을 위한
돈 관리
—

　돈에 대해 나는 한껏 허세를 부리고 살았던 것 같습니다. 그 이면에는 '그깟 돈'이라고 돈을 한껏 멸시해주고픈 욕망도 있었구요. 집에 돈 가져다줄 줄 모르고 자신을 위해 쓸 줄만 아는 아버지 대신 우리 4남매를 너무 힘들게 먹여 살려 키워내신 엄마의 존재는 나로 하여금 항상 '돈 쓰기'를 무슨 원죄처럼 느끼게 했습니다. '그까짓 돈이 뭐길래……돈은 수단이잖아. 하고 싶은 것을 하기 위한 수단인데 왜 돈을 아끼기 위해 하고 싶은 것을 매번 참고 삼가야 하는 거지?' 하며 심술을 부렸던 것 같습니다. 뭘 하더라도 힘들게 돈 버는 엄마에게 왠지 미안한 마음이 드는 게 불편하고 싫었습니다. 능력껏 많이 벌고 싶었고 아무렇지 않게 허비해주어야 나의 어린 시절 구겨지고 손상된 자존감이 회복될 수 있을 것만 같았습니다.

그러나 함부로 써버린 돈이 후폭풍처럼 밀려와 내게 주는 물적 정신적 타격은 실로 대단했습니다. 정작 중요한 일에 쓸 돈이 없다면 함부로 써버린 돈들은 두고두고 쓰린 상처가 됩니다. 많이 쓰는 것이 아니라 정말 내게 소중한 곳에 잘 쓰는 것이 너무 중요함을 깨달은 건 엄마를 갑자기 다른 세상으로 보내고 나서였습니다. 진부하리만치 엄마한테 해드린 것이 너무 없었습니다. 뒤늦게 내가 낭비한 돈과 시간이 회한이 되어 너울너울 살풀이하듯 춤을 춥니다. 무엇이 가장 소중한지를 모르고 살았던 시절에 대한 회한은 지금 나로 하여금 자꾸만 내 자신을 들여다보고 질문하게 합니다. '지금 여기에서' 가장 소중한 것은 무엇인지, 그리고 그걸 지금 하고 있는지를 말이죠. 한번 보내버린 시간, 그때 허비해버린 돈은 다시 회복할 길이 없습니다.

지금 여기서 돈 관리를 이야기하는 것은 결국 지금 사는 동안의 행복을 위해서입니다. 과도한 미래 불안 때문에 현재를 저당 잡히지 않기 위해서, 확정되지 않은 수익을 좇느라 현재를 희생하지 않기 위해서입니다. 지금 행복하지 않다면 나중의 행복도 장담할 수 없을 것입니다. 타인이 행복하지 않으면 나만 홀로 행복할 수도 없을 것입니다. 한 번뿐인 삶인데, 돈을 위해 내 삶을 관리하는 것보다, 내 삶을 위해 돈을 관리할 줄 아는 능력과 습관을 내 힘으로 길러야 하지 않을까요. 그리하여 지금부터 생존 그리고 행복의 가장 근본적 토대가 되는 경제 개념과 현실적 돈 관리에 관한 이야기들을 풀어볼까 합니다.

목차

2부
불안이 사라지는 돈 관리법

1부

나는 왜 항상
돈이
부족할까?

1장

돈의 속성

경제란
먹고 사는 일이다

—

　사는 게 온통 경제인데, 나이 들수록 경제가 중요하다는 건 알겠는데, '경제' 하면 뭔가 어렵고 복잡하고 불편하게 느껴집니다. 어느 순간 문득 생계가 무겁게 다가오고, 생활인으로서의 현실 감각이 중요시되는 나이가 되면서 경제는 갑자기 삶의 중심부에 훅 들어옵니다. '그 동안 너무 돈 개념 없이 살았나?' 은은한 자기 반성에서 시작하여, '난 너무 경제 개념이 없어서 삶이 이 모양 이 꼴이 되었어.' 등의 고해성사가 방언처럼 터져 나오면서 '경제 개념 잡기'의 필요성을 불현듯 자각하게 됩니다. 그 어떤 무지에 비하더라도 경제적 무지는 실생활과 밀접하고 그 피해도 크기 때문일 겁니다.

다들 내 집 장만했다며 예쁘게 꾸민 거실 사진을 SNS에 올리는데 월세 전전하고 있는 건 나만 경제 개념이 없어 그러나 싶은 생각이 듭니다. 우리 집은 저축도 제대로 못 하고 사는데, 대체 남들은 무슨 여유로 온 가족이 다 함께 해외 휴양지로 여행씩이나 다녀왔다며 블로그에 행복 충만한 사진들을 올리는 걸까요? 아버지 생신 핑계로 어쩌다 한번 외식하러 고깃집에 가보면 편안한 복장을 한 가족들이 웃는 얼굴로 바글바글합니다. 우리만 형편 쪼들리는지 다들 먹고 살 만해 보입니다. 백화점에 가도, 쇼핑몰에 가도, 놀이공원에 가도, 사람들이 가득합니다. 경제가 불황이라는 말은 우리 집에만 해당되는 말인가 싶어 슬슬 뭐라도 알아봐야 하나 조바심이 나기 시작합니다.

특별히 나아질 기미가 없는 소득과 살림살이인데, 뭘 배우고 알아야 경제 개념도 잡고 돈 관리도 잘하고 살 수 있을까 문득 궁금해집니다. 큰맘 먹고 가계부부터 써보지만 3일 이상 계속 쓰기가 어렵습니다. 괜히 씀씀이 줄인다고 해봐야 형편이 나아지기보단 기분만 다운될 것 같습니다. 서점의 재테크 코너를 기웃거려봐도 영 어렵기만 하고, 동영상 강좌나 오프라인 강좌를 찾아보지만 강사만 대단해 보일 뿐, 내 일상 속에서 무얼 어떻게 해야 할지는 여전히 의문입니다. 그래도 경제적 무지와 방만함으로 인해 인생의 뜨거운 맛(?)을 보기 전에, 경제와 돈 개념을 잡는 게 중요하다는 자각을 했다면 천만다행한 일 아니겠습니까. 뭐든 필요할 때 시작할 수 있다면 늦지 않은 것이지요. 그러기 위해 우리는 먼저 '경제'를 알아보고자 합니다. 대체 '경제'가 뭘까요?

사람이 살아나가기 위해서는 생존자료生存資料인 재화가 필요하다. 재화 중에는 공기처럼 인간의 욕망에 비해 무한정으로 존재하여 매매나 점유의 대상이 되지 않는 자유재自由財도 있으나, 대개는 욕망에 비하여 그 양이 한정되어 있어 매매나 점유의 대상이 되는 경제재經濟財이다. 경제란 생산수단과 노동으로써 자연에 작용하여 이러한 (한정된) 경제재를 획득(생산)하고, 그 생산물을 분배, 소비하는 과정을 말한다.

— 두산백과

조금 어렵지요. 쉽게 말하자면 태어난 이상 먹고 사는 일을 도모하는 것, 그것이 바로 '경제'란 얘깁니다. 대학에서 어렵사리 경제학을 전공하지 않았어도 대다수의 사람들은 모두 훌륭하게 먹고 사는 일을 도모하며 살고 있습니다. 경제는 어려운 전문 지식이라기보다 그저 일상적으로 삶을 유지하고 살아가는 생존감각 혹은 지혜에 가깝습니다. 그럼에도 경제가 어렵게 느껴지는 것은 주로 '경제'라는 이름으로 외환위기니 금리 인하니 파생상품이니, 알아듣기 힘든 이야기가 난무하기 때문일 것입니다. 또 경제 운운하는 것 자체가 뭐 좀 재산이라도 있는 사람들의 고민이지, 나는 당장 먹고 살기도 바쁜 사람이기 때문에 관리하고 뭐하고 할 건덕지도 없다고 생각하며 등한시했을 수도 있겠지요. 누구나 자신의 생존을 도모하는 '생활경제'의 개념부터 잡아나가야 '예기치 않은 위험의 역습'으로부터 일상의 안정과 삶의 평화를 지킬 수 있습니다.

먹고 입고 자는 생계를
해결해주는 돈

—

부모님 외에 이 세상 그 누구도 내가 먹고 사는 일에 그다지 큰 관심이 없다는 것을 깨닫는 순간, 조금은 필사적으로 '이제 뭐해 먹고 사나'를 진지하게 고민하게 됩니다. 사는 동안 너무 당연하게 이루어진 '먹고 사는 일'이 어느 순간부터 결코 쉽고 만만한 문제는 아니란 걸 알게 됩니다. 그것은 먹고 사는 일이 '평생'의 숙제이기 때문입니다. 뒤죽박죽 무질서하게 제멋대로 존재하는 외부의 재화들이 내 생계유지를 위해 질서정연하게 지속가능한 공급이 이뤄지도록 시스템을 구축하는 일은 평생 생존에 중요한 문제가 됩니다. 즉 내가 먹고 사는 일이 원활하게 돌아가도록 스스로의 삶에 어떤 '질서'를 부여하는 일이 바로 생활경제의 근본이라고 할 수 있습니다.

이처럼 경제가 우리 삶에서 중요한 이슈로 부각되기 시작하는 시점은 '생존'이 거저 얻어지는 것이 아님을 깨닫게 될 때, 즉 철들면서부터일 겁니다. 태어난 이상 우리는 누구나 생존을 위해 스스로 먹을 것을 생산하거나 혹은 돈을 벌어야 합니다. 물론 병들거나 다쳐서 일을 할 수 없는 상황이라면 누군가가 나의 생계를 도와줘야만 하므로 친교 능력 또한 중요한 경제적 생존 능력입니다. 생물학적 나이로 따지면야 5~6세만 넘어도 누가 먹여주지 않아도 스스로 배고프면 제 입을 채울 줄 알고, 10대 정도만 되어도 농어촌이나 산촌에 산다면 먹거리 생산에 제 몫을 단단히 할 것입니다. 그러나 지금 우리 대다수는 먹고 살기 위해 직접적으로 식량을 생산하거나, 채집, 수렵하는 것이 아니라, 우선 '돈'을 벌어서 그 돈으로 입고 먹고 자고 할 수 있는 생계의 근본적 토대들을 만듭니다. 직접 생계를 해결했던 '자연인'이, 돈을 벌어 먹고 입고 자는 것을 구매해야 생계를 유지하는 '생계의 쓰리쿠션' 시스템 속 '사회인'이 되었다는 것, 그것이 '돈' 중심의 생활경제의 핵심입니다.

돈은 끊임없이
돌고 돌아야 한다
—

우리는 자기 생계유지에 필요한 것들을 스스로 직접 '생산'하여 충당하지 못하고, 돈을 벌어야만 그 돈으로 필요한 것을 구매해서 살아가는 상호 의존적인 거래 기반 사회에 살고 있습니다. 그래서 인간은 수많은 자연 개체들 중 하나에 불과하지만, 생계유지를 위한 활동이 다른 동물들과는 달리 양식화된 방식을 갖게 되었습니다. 돈과 화폐경제는 생계 활동을 위해 양식화된 사회적 약속입니다. 모든 것에 특정한 가격을 매겨 거래하기로 하고, 그 지정된 화폐를 얻기 위한 정해진 룰들이 있고, 그 화폐를 사용해야만 생활에 필요한 재화들을 얻을 수 있도록 정교하게 설계되고 발전되어온 사회적 약속입니다.

따라서 지정된 화폐가 아닌 다른 것을 들고 와서 돈이라고 우길 수는 없단 얘기입니다. 어린 시절 교과서에서 읽었던 〈이해의 선물〉이라는 에세이, 기억나시나요? 한 천진난만한 소년이 위그든 씨의 사탕가게에 가서 사탕을 사려고 은박지로 감싼 체리씨를 돈 대신 건넵니다. 자상하신 위그든 씨는 그 아이에게 '화폐 개념'을 직접적으로 훈육하는 대신, 사탕은 물론 잔돈까지 건네주며 아이의 동심을 지켜주는 훈훈한 이야기입니다. 그러나 동화는 동화일 뿐, 우리는 약속된 화폐 질서를 넘어선 거래는 용납되지 않는다는 살벌한 현실에 결국 직면하게 됩니다.

생계유지의 첫 단계는 돈을 버는 것입니다. 돈을 번다는 것은 어디선가 돈을 무한정 찍어내는 것이 아니겠죠? 사회적으로 융통되는 돈의 양이 정해져 있고 그만큼의 돈이 미리 발행되어 있기 때문에, 내가 버는 돈은 누군가가 쓴 돈이고, 또 내가 쓴 돈은 누군가가 버는 돈이 됩니다. 이처럼 돈으로 생계유지를 하기 위해서는 서로 주거니 받거니 돈이 움직여야 합니다. 거래를 하다 보면 내 돈 네 돈 분명히 구분되어 있는 것 같지만, 전체 화폐경제 속에서 돈은 끊임없이 상호 거래를 매개하며 돌고 돌아야 하는 '공공재'입니다.

이러한 순환이 곧 경제생활이고, 우리가 사는 사회 속에서 돈은 우리 몸에서 산소를 나르는 '피'와 같은 역할을 합니다. 마치 우리 몸 구석

구석에 피가 원활히 잘 돌아야 우리 몸이 건강할 수 있는 것처럼, 돈은 열심히 돌고 돌며 사람들의 생존에 필요한 재화를 거래하는 매개 수단이 되어야 합니다. 생활경제의 영역에서 우리는 모두 돈의 '순환자' 역할을 합니다. 많이 버는 사람은 그만큼 많은 돈의 '순환자' 역할을 할 테고, 적게 버는 사람은 또 그만큼 적은 돈의 '순환자' 역할을 하게 될 겁니다.

축적만 하면
돈의 가치는 떨어진다
—

돈의 본래적 '순환' 기능에만 포커스를 맞춘다면 많은 돈은 그저 번거롭고 힘겨운 관리대상일 뿐일 테지만, 돈에는 분명 한시적 '소유'의 기능도 있습니다. '교환 수단'을 소유하는 것에 별다른 규제가 없다면, 돈을 많이 가질수록 힘도 커집니다. 그래서 본연의 '순환'보다는 '소유'에 최선을 다하는 '구두쇠'가 나타나기도 합니다.

욕심 많은 '구두쇠'가 나타나서 '순환자' 역할을 제대로 하지 않고 이 '강력한 거래의 수단' 자체를 모아서 쟁여두기 시작한다면 어떻게 될까요? 이변이 없는 한 거래 수단으로서의 돈이 부족해지고, 그로 인해 사람들은 거래에 불편을 겪게 될 것입니다. 아무리 피가 소중하다고 해도 어디 꽁꽁 묶어두면 피 순환이 원활치 못하게 되어 결국에는 죽음에 이르게 되겠지요. 피가 돌고 돌아야 하는 것처럼 돈도 마찬가지입니다. 단순히 내 돈 내 마음대로 하겠다는데 남들이 무슨 간섭이냐고 할 수는 없다는 얘깁니다. 더불어 살기 위해서는 돈을 꽁꽁 모아둔 '구두쇠'에게 가서 '대체 왜 그러느냐, 돈을 좀 풀어서 교류가 원활하게 일어날 수 있도록 해야 되지 않겠느냐'고 설득해야 합니다. 거래하자고 만든 수단을 왜 그리 꽁꽁 싸매고 있느냐고 타박도 해야 합니다.

그렇다고 남이 애써 번 돈 그냥 내놓으라는 게 아닙니다. '구두쇠'에게 돈을 쓰라고, 애초의 '순환자' 역할을 하라고 요구할 수 있는 권리가 우리 모두에게 있다는 것입니다. 그가 쓴 돈이 다른 사람들의 버는 돈이 되고 그 돈을 써서 생활에 필요한 것들을 구매할 수 있게 될 테니까요. 그래야 더불어 사는 공동체에서 경제가 다시 원활하게 순환될 수 있을 테니까요. 쓰는 데 한계가 있다면 더 잘 쓸 수 있는 다른 사람에게 '기부'를 해도 좋고, '은행'에라도 맡겨서 돈이 필요한 사람이 빌려 쓸 수 있도록 해야 합니다. 많은 돈을 일시적으로 '소유'할지라도 돈이 순환되는 것을 막아서는 안 된다는 게 화폐 중심 사회의 기본 룰입니다.

과연 우리가 내 돈 내 맘대로 하겠다며 꽁꽁 싸안고 버티는 '구두쇠'를 막을 수 있을까요? 돈이 막혀 '돈맥경화(?)'가 일어나게 되면 원활한 경제 흐름이 마비되고 사람들은 생존에 위협을 느끼게 됩니다. 앉아서 굶어 죽을 수는 없으니 생존을 위해 다른 곳으로 떠나거나, 아니면 돈 없이 스스로 생계를 해결하는 예전의 방식으로 회귀할 수도 있겠지요. 만약 이렇게 돈을 필요로 하는 사람들이 급격히 줄어든다면 비로

소 '구두쇠'는 놀라운 사실에 직면하게 될 겁니다. 타인들이 내 돈을 필요로 하지 않고, 타인들과 거래가 이루어지지 않으면 내가 싸 짊어지고 있는 돈이 갑자기 휴지조각이 되어버릴 수도 있다는 사실 말이죠.

생각해보면 정말 너무 단순한 진실 아닙니까. 누군가와 '거래'할 수 없다면, 남들이 나의 돈을 원하지 않는다면, 돈은 가지고 있어봐야 아무런 의미가 없습니다. 어차피 돈은 쌀이나 고기, 과일 등과 거래하기 위한 수단이었으니까요. 만약 돈 없이도 내 스스로 그 모든 것들을 얻을 수 있다면 돈은 무의미해질 겁니다. 따라서 현명한 '구두쇠'라면 상황을 이렇게 만들지는 않을 것입니다. '구두쇠'는 공동선을 위해서가 아니라 자신이 보유한 '돈'이 무가치해지지 않을 만큼 돈을 풀고 거래하며 살아야 하는 숙명을 갖게 됩니다.

그럼에도 우리 주변에는 현명하지 못한 '구두쇠'가 많습니다. 돈의 순환 생리 따위는 아랑곳 않고 무조건 많은 돈을 쌓아두려고만 하는 겁 많은 근시안적 욕심쟁이들은 있게 마련입니다. 사실 꼭 '구두쇠'가 아니더라도 우린 누구나 어느 정도 축적의 필요를 느낍니다. 있는 돈을 다 쓰지 않고 일부 가지고 있다가 예기치 않은 사고에 대비해야 하고, 모아서 뭔가 비싸고 좋은 물건도 사고 싶고, 여행도 다니고 싶으니까요. 일차적으로는 건강한 생계유지를 위한 교환경제가 기본이지만, 인간이 또 생계만 해결하고 살고자 하는 존재가 아니지 않습니까. 축적 본능이 단순한 '돈 욕심' 때문만은 아니라는 이야기입니다.

미래 불안은
인간의 숙명이다

—

최첨단 문명사회를 사는 우리지만, 원시시대로부터 삶이 지속되려
면 계속 먹고 마셔야만 하며, 추위와 비바람으로부터 이 한 몸 안전하게
지킬 공간을 확보해야 한다는 고단한 숙명에서 벗어난 적은 없습니다.
오늘 먹고 나면 또다시 내일 먹을 것을 고민해야 하는 것, 변화무쌍한
자연 환경으로부터 육신의 안전을 확보해야 하는 것, 그런 토대 위에서
계속 번식을 하는 것 태초 이래 인간을 포함한 지구 생명체들의 공통된
숙명이죠. 언제 뙤약볕 가뭄이 들지, 언제 비바람이 몰아칠지도 모르는
상황에서 그저 매일매일 일용할 양식을 마련하는 데 최선을 다하고 살
아야 하니, 인간에게 내일이란 항상 불안 그 자체 아니었을까요.

불안의 제일 끝에는 누구에게나 불가피한 '죽음'이 도사리고 있습
니다. 누구나 언젠가는 죽는다는 필연성과 그것이 언제인지는 모른다
는 임의성이 우리를 끝도 없이 불안하게 합니다. 그러니 '미래 불안'은
우리가 숨 쉬고 사는 평생 불가피한 숙명이며, 잊는다고 잊힐 것도 아
닌 셈입니다. '미래 불안'을 없앨 수 있다는 광고는 솔깃하고 달콤하지
만, 우리가 그냥 그렇게 믿고 싶은 소망이 투영된 허상일 뿐입니다. 피
할 수 없다면 즐기기까지는 못해도, 우리는 불안을 잘 달래며 평생 함
께 가야 할 '불편한 친구'로 삼아야 합니다.

우리에게 주어진 삶의 시간도 유한하지만 우리 삶을 지속시키는 데

필요한 재화도 유한합니다. 이 인색하게 주어진 근본적 부족함 속에서 주어진 삶을 꾸려가다 보니 타인의 것을 빼앗기도 하고 뺏기기도 하며 본의 아닌 고통도 겪게 되는 것 같습니다. 그렇지만, '그래서 어쩔 수 없이' 고통 받으며 불행히 살다 가는 것이 삶의 목적은 아니잖아요. '그럼에도 불구하고' 우린 이 '시한부적 삶'을 살아내야 하기 때문에 부지런히 삶의 우선순위를 고민해야 합니다. 한정된 시간과 재화이니만큼 이왕이면 더 중요하고 더 행복한 일에 나의 시간과 노력을 쏟아 부어야 하니까요. 이처럼 한정된 재화를 자신의 우선순위에 맞게 재배분하는 것이 바로 경제의 기본 원리가 됩니다.

> 다윈주의가 본래 경제성을 따진다는 점을 생각하면…… 다윈의 '자연 선택'은 습관적으로 낭비를 표적으로 삼아 제거한다. 자연은 푼돈까지 일일이 세고, 칼같이 시간을 따지며, 가장 미미한 사치까지 꾸짖는 인색한 회계사다.   – 리처드 도킨스, 『만들어진 신』

유한한 삶을 사는 인간인지라 불안은 불가피하지만, 사는 동안만큼은 이놈의 불안을 달래든 줄이든 어떻게든 감소시키고 평안을 구하고자 끊임없이 노력해온 것이 인간의 역사일 것입니다. 정신 수양을 통해 미래 불안을 직면하고 인정함으로써 대인배적 평화를 얻을 수도 있고, 순간이라도 잊기 위해 술을 마시거나 환락에 빠질 수도 있고, 어차피 인간이란 죽어 흙으로 돌아가는 존재라며 염세주의에 빠져 현재의 삶을 포기할 수도 있겠지요. 그러나 많은 사람들은 끝이 분명할지언정 사는 동안만큼은 열심히 식량을 모아서 당장 내일 굶어 죽는 일만은 막으려 노력하고 살아왔습니다.

당장 내일 먹을 것 이상의 식량을 확보해두고, 주어진 삶의 시간 동안 이를 원활하게 공급할 수 있다면, 꼭 그만큼의 안도감이 생길 것이고, 또 그만큼 불안이 사그라지지 않을까요. 게다가 식량을 애타게 찾아 돌아다녀야 할 시간을 벌 수 있게 되니, 비로소 생계유지 그 이상의 다른 여가 활동이나 취미 활동을 할 수 있는 시간적 여유까지 얻게 됩니다. 축적으로 생긴 시간적 재화적 여유는 미래 불안에 덜 쫓기게 하고, 찰나와도 같은 현재를 즐기고 누릴 수 있도록 해주는 토대가 되어주며 삶의 때깔을 화사하게 만들어줍니다. 비로소 우리가 원하는 '인간다운 삶'의 길이 열리는 순간인 듯합니다.

돈은 미래 불안을 달래는 가장 효과적인 수단
—

축적은 제법 효과적인 미래 불안 완화책이라 마치 우리의 본능처럼 여겨질 정도입니다. 그러나 축적은 생각처럼 그리 간단한 문제가 아닙니다. 식량은 쌓아두면 썩기 때문에 장기 보관이 어렵습니다. 내가 열심히 모은 것을 엉뚱한 남에게 빼앗길 수도 있기 때문에 잘 지켜야 하구요. 결국 인간은 지속가능한 생존을 도모하기 위해 식량의 생산과 유통과 보관을 효과적으로 운영하기 위한 방향으로 문명을 발전시켜왔으며, 그 최종의 산물이 바로 '돈'입니다. 돈은 보관과 축적이 용이하고, 무언가가 필요할 때 그 어떤 재화나 서비스로 원활하게 교환이 가능한 사회적 시스템을 전제로 하는 사회적 약속입니다.

만약 여러분에게 '현금 10만 원'과 '10만 원짜리 구두상품권' 중 하나를 고르라고 하면 어떤 것을 택하겠습니까. 이변이 없는 한 아마 두말 않고 현금을 택하겠죠. 왜 그럴까요? 현금은 아무거나 교환할 수 있지만 구두상품권은 해당 브랜드의 구두로만 교환이 가능하기 때문이죠. 조금 영민한 사람은 구두상품권을 현금으로 교환하려면 액면가 10만 원을 현금으로 다 받기 어렵다는 것도 알고 있을 것입니다. 상품권을 현금화하는 것만으로도 10~15% 가량의 적지 않은 수수료를 떼입니다. 이 수수료만큼이 바로 아무 거로나 교환할 수 있는 '무한 교환 가능성'이 갖는 가치입니다. 금리 5%도 흔치 않은 시대에 정말 엄청난 가치 아닌가요?

화폐 그 자체는 아무런 가치가 없습니다. 세종대왕이 그려진 만 원짜리 지폐를 한 장 꺼내보세요. 그것은 단지 종이에 불과합니다. 배가 고프다고 해서 이 종이를 씹어 먹을 수도 없습니다. 하지만 자본주의에 적응된 우리는 만 원짜리 지폐 한 장이 만 원짜리 식사보다 더 가치 있다는 것을 잘 알고 있습니다. 만 원짜리 지폐로 음식뿐만 아니라 그 액면 가격에 해당하는 다른 상품을 구입할 수 있기 때문이지요. 화폐의 이런 특성을 '무한한 교환 가능성'이라고 부릅니다.

– 강신주, 『상처받지 않을 권리』

같은 값이면 그 어떤 물건을 가지고 있는 것보다 늘 '무한한 교환 가능성'을 지닌 돈을 가지고 있는 것이 낫습니다. 쓰기 위해 벌고 모은 돈이건만, 아이로니컬하게도 쓰여지기 전 내가 쥐고 있을 때 가장 막강한 힘을 갖게 됩니다. 돈을 쥐고 어디에 쓸지를 생각하는 순간이 가장 풍요로운 순간입니다. 아무리 신중하게 고민해서 사용하더라도, 내가 가진 돈의 '무한 교환 가능성'의 힘은 어떤 재화나 서비스로 거래되는 순간 곧바로 사라지게 됩니다. 돈을 써서 마음에 드는 물건을 사더라도 괜스레 돈이 없어지는 것이 아깝다는 생각이 든다면 그것은 내가 욕심이 많아서가 아니라 어쩌면 당연한 경제적 감수성이자 본능적 셈법일지도 모릅니다.

돈만 갖고 있으면 무엇이든 필요를 맞바꿀 수 있는 세상이니 사실 얼마나 편리한가요. 돈은 불가피한 미래 불안을 일정 정도 해소하는 데 그 어떤 것보다도 가장 효과적인 수단임이 확실합니다. 그 힘을 알고 활용하며 사는 것은 불안을 해소하고 생계유지를 넘어서는 삶의 여유까지 가능하게 해주니까요.

문제는 이놈의 돈을 갖고 있기가 참 힘든 세상이라는 겁니다. 벌기도 어렵거니와 돈을 쥐기가 무섭게 돈 쓸 일이 생기기 때문입니다. 돈 고민이란 대부분 돈이 늘 부족하다는 데서 발생하지 않습니까. 돈의 '무한 교환 가능성'의 힘을 잘 알고 있다면 대부분의 사람들은 돈을 모으기만 하고 잘 쓰지 않으려고 하는 '구두쇠'가 되어야 마땅하지 않을까요? 그러나 이와는 정반대 현상이 넘쳐흐르고 있습니다. 돈이 아깝기는커녕 가진 돈을 즉시 물건으로 교환하지 못해 안달 난 듯 쇼핑하게 됩니다. 대체 왜 그런 걸까요?

2장

돈이 부족한
개인적 이유

'후회'는
가장 큰 손해다
—

　무언가를 '선택'한다는 건 정말 어려운 행위입니다. 어떤 하나를 선택한다는 것은 동시에 수만 가지의 다른 것을 포기하는 일이기도 하니까요. 다시 말하면, 선택하지 않은 수만 가지보다 나은 단 한 가지의 선택이어야 한다는 얘기가 됩니다. 게다가 그 어떤 굉장한 물건을 구매하더라도 돈을 지불하는 순간 '무한 교환 가능성'이 사라지는 상실감을 갖게 됩니다. 대체 어떤 선택을 해야 이런 '근본적 상실'을 상쇄할 수 있을까요. 이 기본적인 가치하락은 돈과 물건의 교환만으로는 충족되기가 어렵고, '상실감'을 메워줄 만한 '가치'와 '만족'을 물건과 함께 얻어야만 등가교환이 성립됩니다. 그런데 우리가 소비를 할 때 과연 이런 셈법을 가지고 있나요?

　제아무리 사고 싶었던 자동차도 일단 사서 키를 꽂고 운전대를 잡는 순간 원래 가격대로 되팔기는 어렵습니다. 신상품으로 출고된 후 6개월 정도만 안 사고 버티면 훨씬 더 저렴한 가격으로 구매할 수도 있죠. 물론 새 차 타는 맛이나, 사서 실제로 쓰는 사용가치로 따져 들인 돈이 아깝지 않다고 생각할 경우, 이를 단순히 화폐가치로 환산하기란 곤란할 겁니다. 어쩌면 돈이 아깝지 않은 그 상태, 사길 잘했다고 생각하게 되는 그 상태가 바로 근본적 '상실감'을 극복하는 좋은 소비일 것입니다. 사실 물건도 얻고 기쁨도 얻는 바로 그 순간을 위해서 그토록 어렵게 번 돈 쓰고 사는 것 아니겠습니까. 그렇더라도 천만 원 정도의 돈을 가지고 있으면 그 가치만큼 다른 수많은 것들을 할 수 있는 가능성이 있는데, 그 돈으로 딱 자동차를 사기로 결정하는 순간 다른 많은 것들을 선택할 가능성이 순식간에 사라지는 '손실'의 낙폭이 발생하게 되는 원리는 어쩔 수가 없습니다.

　그러니 신중하지 않은 소비를 일삼는다면 당연히 구매 후 '후회'할 확률이 높아지겠지요. 나의 쇼핑 선호도나 감정과는 관계없이 그냥 돈이 갖는 생리에 따르면, '후회'는 최악의 상황입니다. '무한 교환 가능성'을 지닌 돈을 없애가며 무언가와 교환했는데, '가치'와 '만족'을 얻기는커녕 괜히 샀다는 '후회'만 밀려온다면 어떤 일이 벌어질까요. 돈은 돈대로 써서 없어졌는데, 물건의 가치는 제대로 얻지 못했으니 둘 다

잃고 마는 이중고의 악순환에 빠져들게 됩니다. 인간은 '이익'보다 '손해'에 민감하다고 하죠? 그래서 '후회'는 자본주의에서 살아가는 우리에게 가장 뼈아픈 손실이자 영혼에 스크래치가 발생하는 심각한 상처가 됩니다.

사는 동안 내내 '후회' 없는 소비만 하고 살기란 불가능한 일일 겁니다. 그러니 가급적 '후회'할 일을 줄여나가는 노력을 해야 합니다. 그러려면 후회가 밀려오는 순간 다시 소비의 원점으로 돌아가서 애초에 왜 사게 되었는지부터 점검하는 자기 반성이 필요합니다. 잘 샀네 못샀네를 따지자는 게 아닙니다. 자신도 모르게 습관적으로 욕망이 반영된 선택을 하게 되는 것이므로, 내가 왜 그런 선택을 하게 된 건지 자신의 욕망을 곰곰이 짚어보면서 솔직한 자신을 직면해보는 것입니다.

사실 '후회'를 줄이려면 나의 욕망에 따른 무의식적 소비 습관이 뭔지를 알아야 하지요. 애초 돈을 쥐고 구매를 고민하던 첫 단계에서 조금 더 신중한 선택이 요구됩니다. 정말 '필요'한지를 자신에게 여러 번 되묻고, '필요'를 충족하기에 적합한 가격인지를 따져보며, 비슷한 아이템을 이미 갖고 있지는 않은지 헤아려보고, 사지 않아도 크게 생활에 지장이 없는 것은 아닌지 생각해보는 등 요모조모 살피며 '결정'까지의 시간을 벌어야 합니다.

아, 그렇지만 이런 신중한 행위는 참으로 쪼잔하고 멋스럽지 않다는 자괴가 밀려듭니다. '장고 끝에 악수 둔다'고 오래 고민한다고 해서 그 결과가 항상 좋은 것만도 아니구요. 그깟 돈 아끼자고 그렇게까지 벌벌 떨며 신중을 기해야 하는 건지, 필요하다 생각되면 그냥 확 지르고 돈 부족하면 좀 덜 쓰고 사는 게 정신 건강상 더 낫지 않을까 싶습니다. 경제 개념이고 뭐고 내가 가진 여력에 너무 얽매이지 말고, 그냥 돈 쓸 땐 한 방 시원하게 써봤으면 원이 없겠다 싶기도 합니다.

기나긴 인생, 계속 그렇게 살 수 있다면야 무엇이 고민이겠습니까. 우리가 살고 있는 이 소비 중심의 사회는 우리가 이런 '자기 반성의 시간'을 갖도록 가만 놔두지 않습니다. 홈쇼핑은 '마감임박'을 외치며 놓치면 '후회'할 거라고 으름장을 놓습니다. 마침 오늘까지만 세일인 경우가 많고, 한꺼번에 사는 것이 소량 사는 것보다 훨씬 '이익'인 셈이라며 선동을 해댑니다. 정신 차려보면 이미 구매한 후라, 후회한들 소용없을 때가 많죠. 사실 아무리 싸더라도 불필요한 옷들을 사야 할 이유는 없습니다. 단지 싸게 사면 이익이라는 단순한 셈법 때문에 일단 구매하고 보더라도, 이것은 결코 '돈 번 이익'이 아니라 그냥 '돈 쓴 소비'일 뿐입니다. 이렇게 싸다고 사면 잘 안 입게 되어 라벨도 떼지 않고 고이 모셔져 괜히 옷장만 비좁게 만들 가능성이 큽니다. 일단 옷장에 들어가고 나면 다시 정리하기란 쉽지 않잖아요. 나중에 '옷 기부'를 하든지 자선바자회 같은 곳에 보내면 된다고요? 설마 기부하려고 옷을 사는 것은 아닐 텐데요. 내 소비에 대한 결정권은 분명히 내게 있음에도, 내가 소비 결정을 내리지 않고 뭔가 다른 조건에 '휘둘리는 소비'가 반복되면 괜한 자괴감도 들고 소비 만족도도 떨어지게 마련입니다. 이것이 또한 '후회'하는 소비의 대표적인 과정이죠.

생각할수록 이상하지 않습니까? 어렵사리 번 돈이고, 막 써버려도 될 여유를 가진 것도 아닌데 왜 나의 소비가 이리도 조급하고 신중하지 못할까요? 게다가 '돈의 무한 교환 가능성'의 힘과 가치 따위는 생각해 본 일 없이 돈이 들어오는 족족 써버리기 바쁠까요? 돈이 아깝기는커녕 오히려 예쁘고 좋은 물건을 보면 숭배하듯 나의 부족한 돈을 아낌없이 갖다 바치고 그 물건을 모셔오게 되는 이유가 뭘까요?

돈은 욕망을
무한 확장시킨다
–

우리에게는 빵과 물이 필요하다. 또한 욕망의 자유와 초월도 필요하다. 그 중간쯤 어딘가에 라임그린색 뾰족구두가 있다. 그것들은 필요와 욕구가 만나는 지점인 쾌락이다.　　– 주디스 러바인, 『굿바이 쇼핑』

그래도 꼭 '필요한 것'을 샀다면 '후회'는 좀 덜하겠지요? 우리를 후회하게 하는 소비의 주범은 왠지 괜한 욕망에 근거한 사치나 과소비의 문제인 것만 같습니다. 그런데 우리의 소비 내역에서 '필요소비'와 '욕망소비'를 구분해낼 수 있을까요? 출퇴근을 위해 자전거 한 대를 샀다면 이것은 '필요소비'가 분명할 겁니다. 그 자전거가 2천만 원을 호가

하는 MTB라고 해도 과연 그런가요? 음식을 조리하는 데 필요한 냄비와 프라이팬은 '필요소비'가 분명합니다. 스테인리스 재질의 독일제 브랜드 주방기기 세트여야 만족할 수 있다면 어떤가요? 비 오는 날 저녁 기분 전환용 와인 한 병쯤은 '필요소비' 맞을 겁니다. 와인을 너무 좋아하는 나머지 연회비 몇백만 원 드는 '와인동호회'에 가입하고 집에 홈바도 설치했다면 어떤가요?

그냥 삶이 아닌 조금 더 근사한 삶, 멋진 삶을 원할 뿐입니다. 우리의 모든 필요에는 근사한 삶에 대한 욕망이 붙어 있습니다. 요즘 만나는 20대들 중에는 끼니까지 굶어가며 최신 스마트폰, 태블릿PC, 노트북을 구매하고자 하는 사람들이 많습니다. 다이어트도 할 수 있고, 또 갖고 싶은 것도 살 수 있으니 일석이조라고들 하더군요. 욕망의 세상에서 합리성이란 바로 이런 모습입니다. 내가 좋아하는 것을 우위에 두고 그것을 위해 한정된 재화를 재배치하는 것이죠. 이것은 생계의 질서가 아니라 욕망의 질서이고, 지금 이 시대의 지배적인 삶의 형태가 되었습니다. 생존의 필요를 충족시키는 수단으로서의 돈은 이제 인간의 욕망과 만나 더 멋진 삶의 가능성을 열어주고 있습니다.

우리는 자본주의 사회에서 '무한 교환 가능성'을 지닌 돈을 인생의 마일리지로 쥐고, 태생적 미래 불안을 달래면서 이 힘을 조금씩 사용하며 살고 있습니다. 그러하기에 일정 정도의 돈을 보유하고 있는 것은 그 가치만큼 미래 가능성을 쥐게 되는 것과 같습니다. 돈을 많이 쥐고 있을수록 미래 가능성은 더 커지기 마련이지요. 우리 인간은 이 강력한 수단으로 생존과 미래 불안뿐만 아니라 인간의 힘으로는 도저히 극복하기 어려운 영역의 문제들까지 적극적으로 해결하려고 도전하기 시작했습니다.

시간이 갈수록 스러져가는 젊음, 소중한 타인의 마음, 사랑하는 사람의 갑작스런 죽음으로 인한 영원한 이별, 눈물이 나도록 기가 막힌 피아노 연주나 그림 솜씨, 어떤 행복한 순간에 이 순간이 계속 되었으면 하는 간절한 소망…… 전지전능한 신의 힘을 빌려서라도 현세에 어찌할 수 없는 이 한계들을 극복하고자 소망합니다. 어찌나 간절한지 내세에서나 가능할 법한 일들이 현세에서 조금씩 실현되고 있으니, 그 '어메이징 그레이스'한 힘의 결정체가 바로 '돈'입니다.

자연의 섭리인 나이듦 앞에서 시간을 되돌리고 싶어하는 인간의 욕망은 '안티-에이징'이라는 산업을 탄생시켰습니다. 돈만 있다면 시간의 흐름을 되돌려 젊어지는 기적이 실현되고 있잖아요. 풍요로운 재산은 분명 사랑하는 사람의 마음을 100% 다 돌려놓지는 못해도 사랑 성취의 가능성을 높여주는 건 사실일 겁니다. 느닷없는 사별의 고통을 모두 다 달래줄 수는 없지만, 보험금을 받게 되면 살아가는 데 큰 위안이 될 수 있죠. 피아노 연주나 그림 그리기 모두 내가 다 잘할 필요는 없습니다. 돈만 있다면 세상에서 가장 아름다운 연주회를 관람할 수도 있고, 좋은 그림도 구매해서 곁에 두고 계속 볼 수 있으니까요. 행복한 순간을 영원히 남길 수 있는 각종 동영상 매체나 사진 등이 발달되어 어떤 '순간'은 반영구적으로 저장되고 끝없이 재생할 수 있습니다. 오히려 우리는 지금 여기에서 함께 있는 순간을 공유하기가 어려워졌을 정도입니다.

종교와 윤리의 그늘에서 절제되고 억눌려왔던 인간의 욕망은 이제 '돈'과 함께 무한 긍정됩니다. 인간이란 이기심과 아집에 의해 언제라도 잘못을 저지르곤 하는 부족한 존재라서, 종교와 윤리가 이런 근시안적 인간들을 끝없이 질책하고 바른 삶의 중심으로 인도해주는 역할을 하는 것 아니겠습니까. 그런데 따끔한 질책보다 위로 받고 치유 받기를 좋아하는 인간에게 맞추다 보면 종교는 십일조에 보답하는 하나의 힐링 산업이 될 뿐입니다. 잘못을 했다면 따끔하게 야단맞아야 다시는 같은 잘못을 하지 않고 공동체의 안녕에 기여할 것이라는 윤리관념은 공동체에서 개인으로 중심이 바뀌면서 묘한 상대주의가 됩니다. 사실 타인이 행한 잘못은 처벌 받아야 마땅하지만 정작 내가 그 처벌의 당사자가 되면 얘기가 달라집니다. 나는 불가피한 여러 상황들로 인해 어쩔 수 없이 잘못하게 된 세세한 과정을 스스로 잘 알고 있기 때문에 정상 참작되어 너그러이 용서 받고 싶어지게 마련입니다. 진심으로 나 잘 되기를 바라는 마음으로 끝없이 야단치고 무료로 훈계해주는 건 부모님밖에 없습니다. 그런데 부모님의 잔소리가 고맙기보다 짜증납니다. 나의 부족함을 이해하고, 내 안에 감추어진 위대함을 실현시켜줄 만한 위대한 멘토를 찾고자 우리는 돈을 들고 치유자를 찾아 다닙니다.

그렇습니다. 욕망을 긍정하는 자본주의는 자신의 욕망을 절제할 줄 알아야만 삶을 조화롭게 지속할 수 있다는 세상의 섭리 따위엔 관심이 없습니다. 욕망 산업은 돈으로 충족할 수 있는 영역을 무한 확장시켜 '거대한 개인'을 만들고 있습니다. 돈 벌이의 영역을 키우려면 욕망은 적정 수준으로 절제하기보다 긍정되고 확장되어야 합니다. 유한한 삶을 살지만 사는 동안 하고 싶은 건 다 해보고 싶다는 바람, 모든 수단을 동원해서 그런 삶을 실천하려는 노력은 과연 바람직한 걸까요?

〈우리 아이가 달라졌어요〉와 같은 TV 교양 프로그램은 이러한 딜레마를 가장 잘 보여줍니다. 본능에 충실한 아이는 자기 욕망을 최대한 실현하려 최선을 다합니다. 문제는 이것이 결과적으로 아이를 행복하게 만들어주지 못한다는 데 있습니다. 고기만 먹고 싶고, 잠 안 자고 놀고 싶고, 남들은 생각하지 않고 내 의도만 관철하려 하며 땡깡 피우고 울부짖는 아이들에게 각종 전문가가 등장하여 절제와 질서와 규율을 습득시킵니다. 부모에게는 아이들과 이런 과정을 '주거니 받거니' 하면서 '사회화'되는 과정을 지켜볼 것을 요구합니다. 싫더라도 야채도 골고루 먹어야 하고, 내일 더 잘 뛰어 놀기 위해 오늘은 이만 잠자리에 들어야 하며, 남들을 존중해야 나도 그런 대접을 받을 수 있다는 것을 배우려면 아이는 참을 줄 알아야 합니다. 절제와 인내를 통해 견디는 힘, 그것이 인간이 공동체를 이루고 사는 '사회화'의 룰이기도 하지요.

인간은 어른이 되어도 계속 부모 같은 존재의 훈육이 필요한 것일까요? 어릴 때 훈육된 바에 따라 내 안에 기준이 잡히고, 이제 스스로 삶의 질서를 정립하여 자신의 욕망을 적절히 잘 다스리며 살 줄 알아야 할 텐데, 어른이 되고도 여전히 이렇게 외칩니다. '돈이 없어서 그렇지,

여력이 된다면야 하고 싶은 것 맘껏 누리고 살면 되지!' 어쩌면 우리에게 돈이 부족하다는 것은 '절제의 미덕'을 실천하라는 부모의 가르침을 대신해주는 것만 같습니다. 돈이 넉넉하게 있다면 우리는 절제하지 않고 살 만반의 태세를 갖추고 있으니까요.

삶을 유지하는 필요소비는 기본이고, 제멋대로 커져버린 욕망까지 충족하려는 지금, 사람들은 갈수록 더 많은 돈이 필요해 보입니다. 버는 돈은 정해져 있고 더 벌기란 어려운데, 소비의 배고픔은 점점 커져만 가니 어쩌면 좋단 말입니까. 빚을 내서라도 소비할 수는 없고, 무조건 금욕적인 삶을 살아야만 하는 것일까요? 정작 소비자인 우리들보다 이 문제를 훨씬 더 진솔하고도 처절하게 고민하는 사람들이 있었으니 그들은 '마케팅'을 하는 사람들입니다. 우리로 하여금 여력에 관계없이 일단 자신의 욕망을 실현하라고 독려하는 그들이야말로 진정한 휴머니스트인 것 같습니다. 누가 뭐래도 당신은 충분히 그럴 자격이 있다고 속삭입니다.

필요 이상의 욕망을 부추기는
마케팅

—

마케팅은 주관적인 기쁨, 사회적 지위, 로맨스, 생활 방식을 바탕으로 소비자에게 나르시시즘을 불어넣는 사이비 심령술을 조장하고, 그럴 때 제품이 소비자의 마음에 불러일으키는 연상 이미지가 제품의 실제 물리적 질보다 더 중요해진다. 제품과 소비자의 갈망을 연결시켜서 제품을 그것의 물리적 형태가 보증할 수 있는 것 이상으로 소비자에게 가치 있어 보이게 만드는 것, 이것이 광고와 브랜드화의 핵심이다. 실은 마케팅은 어떻게 해서든 물질주의를 피하려고 한다. 소비자가 객관적인 물질적 특성과 가격만으로 제품을 비교한다면, 제품은 생필품으로 전락하기 때문이다.

— 제프리 밀러, 『스펜트 : 섹스, 진화 그리고 소비주의의 비밀』

이제 웬만하면 모든 가정에서 냉장고는 다 갖추고 있습니다. 각 가정별 냉장고의 평균 보유 대수가 2대 이상을 넘어서기까지 하고 있죠. 기본 냉장고에 김치 냉장고, 냉동고까지 보유하면 주방 공간이 엄청 좁아질 것이고, 냉장고 중 하나는 가계 권력서열 하위권인 누군가의 방까지 밀려들어갔을 것입니다. 냉장고 2~3대를 보유하면 집이 좁게 느껴져서 더 큰 집을 바라보게 됩니다. 신기한 것은 2대가 되었건 3대가 되었건 냉장고 안은 변함없이 꽉꽉 들어찬다는 것입니다. 설마 어느 외국인 기자가 칼럼에 쓴 농담처럼 우리에겐 북한의 위협이 있기 때문에 이렇게 많은 음식들을 사재기하듯 저장하고 살게 된 걸까요?

흥미롭게도 국내 톱스타가 출연하는 냉장고 광고는 여전히 황금시간대에 거침없이 방영되고 있습니다. 이미 냉장고쯤은 다 갖고 있는 우리 소비자들은 여전히 냉장고를 사고 있는 것이 분명합니다. 냉장고가 더 필요해서? 고장 나서? 결혼하는 사람들은 필요하니까? 설마 냉장고를 욕망해서?

생산자의 입장에서 한번 볼까요. 냉장고는 사람이 하나하나 손으로 만들지 않죠. 냉장고 생산 공장이 지어지면 자동생산시스템으로 쭉쭉 냉장고를 생산해낼 것입니다. 냉장고가 없던 시절에는 만드는 족족 불티나게 팔려나갔을 테니, 너도나도 더 많은 냉장고를 생산하고자 돈을 투자해서 생산 설비를 확장하고 생산 인력도 더 많이 뽑았겠죠. 이런 것이 지표상 눈부신 경제발전에도 한 몫 했을 겁니다. 문제는 사람들이 냉장고를 어느 정도 보유하게 되고 나서부터입니다. 일단 지어진 공장은 계속 돌아가야 하고 냉장고는 계속 만들어져야 하는데 사람들은 기본적인 필요를 다 채운 상태이니 어쩌면 좋을까요. 냉장고를 그만 만들기로 하면 이미 투자된 생산 설비와 고용된 인력들은 어쩌지요?

공장은 돌아가야 하고 사람들은 일해서 돈을 벌어야만 합니다. 그러려면 냉장고는 계속 만들어지고 팔려야만 하죠. 이제 냉장고는 음식을 차고 신선하게 보관하는 단순 '필요'로 인식되어서는 안 됩니다. 더 효과적인 냉각 시스템을 개발해보기도 하고, 용량을 계속 키우고, 문을 양쪽으로 달아보기도 하고, 냉동실을 아래로 보내 보기도 하고, 문 열지 않고 물이나 얼음을 꺼내먹을 수 있도록 해보기도 하고…… 다양한 기능을 구비하여 이미 우리 소비자들이 보유한 냉장고와 차별화해야 새로운 구매를 권유할 명분이 생깁니다. 이제 냉장고는 만드는 것보다 파는 것이 훨씬 중요해졌습니다. 어떻게 하면 사람들이 이미 가진 냉장고 말고 또 다른 냉장고를 원하게 할 수 있을지가 오늘날 냉장고 산업의 핵심 화두일 것입니다.

결국 '생산되어야만 하는' 냉장고를 '팔아야만 하는 운명'을 지닌 마케터는 냉장고의 필요성을 설득하기보다 사람들의 욕망에 호소하기 시작합니다. 소비자는 광고에서 본 중산층의 산뜻한 주방 풍경에 걸맞은 냉장고가 있는 라이프스타일을 은연중에 욕망하며 복잡, 혼란, 너저분한 우리 집 주방에 새로운 변화가 필요하다는 생각을 갖게 됩니다. '정리정돈이 잘 안 되는 건 당신 죄가 아니에요, 구식 냉장고로는 산뜻하게 정리하는 데 한계가 있지 않겠어요~'라고 유혹합니다. 이미 채워진 필요 그 이상의 편리와 가치를 제공하는 냉장고라야 가지고 있던 냉장고를 교체하든 새로 하나 더 들여놓든 계속적인 구매가 이루어질 수 있을 테니 말입니다.

새로 사야만 할 명분을 만드는 것은 계속적 구매가 이루어지기 위한 필요충분조건입니다. 스스로 알아서 동기부여를 하지 못하는 소비자들에게 구매결정을 맡겨두고 있을 수만은 없습니다. 적극적으로 구매욕구를 자극하고 소비 행위가 일어날 수 있도록 선동하는 일은 마케터의 가장 중요한 임무입니다. 멀쩡한 걸 버리고 새 걸 사는 것은 사람들의 마음을 너무 불편하게 만들기 때문에, 물건이 제때(?) 고장나준다면 새로 살 더없이 좋은 명분이 된다는 사실도 마케터는 잘 알고 있습니다. 대형 생활가전의 경우는 제품 수명이 훨씬 길지만, 소형 생활가전의 경우 '탱크주의'로 제품의 내구성을 강조하던 국내 가전 마케팅은 일본 한 가전사의 '제품 적정 수명 2~3년' 전략에 밀려난 지 오래입니다. 내구성이 짧은 것은 기술이 부족해서가 아니라 사람들이 싫증 내는 주기를 연구하여 제품 수명에 반영한 결과물입니다. 그래야 지속적인 재구매를 일으킬 수 있기 때문이죠.

'사소한 불편'을 이토록 섬세하고도 친절하게 배려하고 보완하는 이유는, 근본적 필요가 어느 정도 충족된 세상에서 '새로운 구매욕구'를 만들어내는 것이 그만큼 절실하기 때문입니다. 진정한 혁신은 완전히 새로워서 생경한 그 무엇이 아니라, 이렇듯 익숙한 것에 내재한 불편을 보완하고 해결하는 '발상의 전환'이라고 하지 않습니까. 인간의 욕망과 본성에 대해 학자들만큼이나 수많은 연구와 임상실험을 하는 마케팅 전문가들은 이제 소비자들로 하여금 기꺼이 냉장고를 더 사고 싶게 만드는 데 성공했습니다. 그런데 이상하게도 여전히 소비자들은 구매를 망설입니다. 정확히 말하면 사고 싶은 마음은 굴뚝같지만 못 사는 것입니다. 이미 있는 냉장고를 교체하는 것보다 생활비 해결이 더 급한 현실이 그들의 욕망을 붙잡습니다. 부추겨진 소비욕구가 실제 '구매 행동'으로 현실화되기 위해서는 뭔가 '화룡점정'이 될 만한 결정적 점화 장치가 필요합니다. 그것은 바로 '가상의 구매 여력'입니다.

가상의 구매 여력,
신용카드의 등장
—

소비를 하려면 먼저 돈을 지불해야 합니다. 사정상 급한 일이 있어 물건을 먼저 받고 돈을 나중에 지불하는 것을 전문 용어로 '외상거래'라고 하죠. 웬만한 친분이 있지 않고서야 누가 돈도 받지 않고 물건을 먼저 내어주겠습니까. 내가 아쉬워서 애타게 부탁해야 어렵사리 외상이 가능하고, 이후에도 외상값 독촉에 시달릴 우려가 있으니 다들 '외상거래'는 꺼렸습니다. 자꾸 외상해 버릇하면 돈을 못 모은다며 야단맞기도 했구요.

요즘 '외상'이란 말은 잘 안 쓰이므로 젊은 사람들은 간혹 '외상'을 잘 모르는 경우도 있습니다. 요즘 젊은 층들은 '외상'을 전혀 안 하기 때문일까요? 전혀 그렇지 않습니다. 오히려 '외상'이 '신용거래'라는 말로 둔갑해 일상화되었기 때문에 이를 문제 삼는 사람이 없어졌을 뿐입니다. 그렇습니다. 요즘 소비는 물건이나 서비스를 먼저 받고 돈을 나중에 지불하는 구조가 훨씬 더 일반적입니다. 웬만한 친분 없이도 이런 '선구매 후결제' 시스템이 가능해진 것은 편리한 '신용사회'가 구축되었기 때문입니다.

'신용'이란 믿음, 신뢰를 뜻합니다. 대체 무엇을 믿는단 말일까요? 경제적 의미로 보자면 먼저 물건을 가져간 그 사람이 반드시 정해진 기한 내에 물건 값을 결제할 것이라는 믿음이지요. 얼굴도 본 적 없는 사람에게 이런 '믿음'을 갖고 물건부터 건네는 이유는 소비자를 믿는다기보다 '신용카드'가 선지불 보증하는 거래 시스템을 신뢰하기 때문입니다. 혹여 소비자가 나쁜 마음을 먹고 지불 약속을 지키지 않더라도 신용카드 회사는 우선 물건 대금을 지불해주고, 그 고객님께 어떻게든 수단과 방법을 가리지 않고 돈을 받아낼 '힘'을 가지고 있습니다. 그 '지불보증'의 힘으로 신용거래가 원활하게 이루어질 수 있는 거죠. 서로 잘모르는 사이에서 돈이 없어도 아쉬운 부탁 없이 일단 물건을 살 수 있다니, 참 놀랍고도 편리한 세상 아닙니까?

현재 가진 돈이 없는데 병원에 가야 할 일이 생기거나, 자동차가 갑자기 고장이라도 났다면 급히 돈을 빌려서라도 해결해야 할 텐데, 신용카드가 있다면 완전 고맙지요. 꼭 급한 상황이 아니더라도 사고 싶은 디지털 카메라가 있는데 어차피 돈 모아서 6개월 후에 구매하느니 지금 신용카드 할부로 사서 쓰면서 6개월 동안 돈을 갚아나가면 같은 값에 디지털 카메라 사용 기간을 앞당기는 셈이므로 훨씬 더 좋지 않겠습니까.

이제 우리의 소비 여력은 현재 내가 보유한 현금만으로 제한되지 않습니다. 언제부터인지 모르게 누군가 내게 신용카드 한도만큼 추가된 소비 여력을 보유하도록 허락했고, 나는 그 여력만큼 우선 소비할 수 있는 여유를 누릴 수 있게 되었습니다. 신용사회에서의 경제생활은 '벌어서 쓰고 남겨서 저축'하는 패턴이 아니라 '일단 쓰고 벌어서 갚는' 패턴이 일상화되었습니다. 심지어는 직접 내 돈 주고 구매하면 되는 상황에서도 구태여 번거롭게 신용회사를 거쳐서 결제하도록 독려합니다. 각종 포인트 혜택, 소득공제 혜택 등까지 줘가면서 말이죠. 그래서인지 그냥 현금 쓰는 것보다 신용카드를 쓰게 되면 뭔가 같은 소비를 해도 이득을 보는 것만 같습니다. 그렇게 신용거래는 우리 삶의 보편적인 거래 양식이 되었습니다.

신용사회 거래 시스템은 마케터에겐 눈물 나도록 고마운 발전이 아닐 수 없습니다. 한껏 부풀려놓은 새로운 냉장고에 대한 소비자들의 구매욕구는 이제야 비로소 소비로 실현됩니다. 소비자들의 주머니에 현금 그 이상의 소비 여력이 주어졌기 때문입니다. 심지어 '할부 서비스' 기능을 통해 분할 납부가 가능해지면서 목돈 지출의 부담은 월 할부금 부담으로 쪼개집니다. 웬만한 목돈이 드는 가전제품이나 가구, 자동차 등 고가의 소비재는 이제 구매 부담이 훨씬 완화되었습니다. 물건 값이 여러 달로 쪼개지니 우리는 더욱 과감한 소비를 할 수 있게 되었습니다. 우리가 계속 돈을 버는 한 목돈을 한꺼번에 쓰지 않고도 은은한 비용으로 구매가 가능해졌기 때문입니다.

風前燈火, 불을 키운 건 팔 할이 바람이었다

이젠 바람도 불과 함께 놀아난다

– 유하, 「바람 부는 날이면 압구정동에 가야 한다 4 – 불의 뷔페」

이제 누구나 '현금＋신용'의 소비 여력을 갖게 되었습니다. 지금 내 지갑과 통장에 들어 있는 현금은 분명 내 돈이 맞습니다. 그런데 '신용'은 내 돈 맞습니까? 내가 쓸 수 있다는 점에서는 내 돈 같지만, 맘껏 쓰더라도 나중에 갚아야 한다는 점에서는 내 돈이 아닌 것도 같습니다. 참 이상하게도 애써서 번 '내 돈'은 아껴 쓰게 되지만, 신용카드나 남의 돈은 쉽게 써버리게 되는 경향이 있습니다. 이를 '공돈 효과'라고 합니다.

소비 감각이 느슨해지는 공돈 효과와 마중물 효과

–

'공돈 효과'는 영어로 'house money effect'라고 합니다. 'house'는 속어로 '도박장'을 의미하는데요, 'house money'란 도박장에서 사용하는 칩과 같은 것입니다. 실제 돈이 아니라 이렇게 도박장용 화폐로 도박을 하게 되면 내 돈 나간다는 생각이 덜 들어 배팅에 과감해지는 효과를 갖게 됩니다. '브루마블 게임'을 할 때도 마찬가지죠. 우리가 전 세계 땅을 사고 건물 투자를 서슴없이 하는 것은 실제 돈이 아닌 게임판의 화폐를 이용한다는 사실을 잘 알고 있기 때문일 것입니다. 가짜 여력 앞에서 우리는 거칠 것 없이 과감해집니다.

어쩌다 꺼내 입은 정장 주머니에서 5만 원권이 나왔다면 괜스레 기분이 좋아집니다. 그 돈은 엄밀히 말해 내가 잊고 있던 내 돈인데도, 왠지 공돈이 생긴 기분이 듭니다. 공돈 느낌이 들면 쓸 궁리를 하게 되는데, 어디에 써도 크게 아깝단 느낌이 들지 않는 심리적 환경이 조성되었기 때문입니다. 분명 우리에게 아깝지 않게 쓸 수 있는 돈이란 없습니다. 그럼에도 공돈 느낌은 신중하지 않은 소비에 대한 마음의 부담감을 줄여주고, 어떤 소비를 해도 덜 '후회'할 수 있도록 경제 감각을 마비시킵니다. '신용거래'는 공돈 효과와도 같아서 긴장을 풀고 편안한 마음으로 소비하게 하고, 평상시 절제된 소비를 하던 사람에게도 한 번쯤은 충동적 소비를 할 수 있다며 배려 가득한 제스처를 보여줍니다. 그 단 한 번의 충동적 소비만으로도 경제적 균형이 쉽사리 무너질 수 있는 위험이 도사리고 있는데 말이죠.

지름신은 결코 홀로 강림하지 않습니다. 무너진 자존감의 회복이 필요한 어느 날, 반드시 신용카드와 함께 오실 것입니다. 현금과 더불어 지름신이 내리는 경우는 상당히 드물 수밖에 없어요. 현금은 함부로 쓰면 아깝다는 본연의 '무한 교환 가능성'의 힘이 작동하고 있기 때문입니다. 신용카드는 지금 당장 소비해도 실제로 돈이 빠져나가는 결제일이 한 달 후로 지연된 탓에 왠지 돈 쓰는 느낌이 현금 쓸 때만큼 살벌하게 다가오지 않습니다.

좀처럼 지름신이 강림할 여지를 보이지 않는 알뜰형 소비자도 '마중물 효과'에 자주 낚이곤 합니다. '마중물'이란 지하수를 끌어올리는 펌프에 물이 나오도록 먼저 한 바가지 정도 부어주는 물을 일컫습니다. 비어 있는 펌프에 이 한 바가지의 물을 붓고 펌프질을 수 차례 해줘야만 지하수가 콸콸 쏟아지게 됩니다. 백화점 상품권은 소비의 아주 훌륭한 마중물입니다. 지갑에 백화점 상품권을 가지고 있다면 내 머릿속에는 언제든 그 상품권을 사용하여 필요한 물건을 사기 위해 그 백화점에 가야 한다는 생각이 들어 있습니다. 마치 〈반지의 제왕〉에 나오는 어둠의 왕국 모르도르에 감응하는 절대반지처럼 말이죠.

상당히 애매하게도 백화점 상품권 3~5만 원권 정도를 갖고 있을 때, 백화점에 일부러 가서 딱 그만큼만 필요한 무언가를 사고 깔끔하게 돌아오기란 매우 어려운 일입니다. 차라리 눈여겨 봐두었던 괜찮은 물건에 상품권을 보태서 구매하는 것이 훨씬 이익을 본 느낌이 들기 때문이죠. 엄밀히 말하자면 사실 지금 딱히 안 사도 될 물건이었는데 애매한 액면가의 상품권 덕분에 쉽게 구매를 결심할 수 있게 되었을 뿐입니다. 어차피 살 물건이었다는 생각은 괜한 소비로 인한 '손실'을 최소화하고 '만족'을 극대화하려는 심리적 사후 보완 대처일 뿐입니다.

이제는 희미하게나마 보이기 시작할 것입니다. 욕망에 이끌린 대부분의 소비는 자아실현으로 위장된 내 지갑 털리기에 다름 아닐 수도 있다는 것 말이죠. 상대방이 얼마나 최선을 다해서 내 지갑을 열고자 하는지, 또한 그에 비해 나는 얼마나 순진무구하게 아무 생각 없이 소비 행위를 하고 있는지 말입니다. 나의 얼마 안 되는 진짜 소비 여력인 '현금'에 '신용'이 붙어 나의 소비 규모는 지속적으로 상승하게 되고, 이에 발맞춰 나의 '진짜 여력'인 현금은 체계적으로 타인의 손으로 넘어가게 됩니다. 나의 '무한 교환 가능성'의 힘이 손쉽게 타인에게 넘어가버리면, 그만큼 나의 소비는 주체적 판단 능력과 거래 능력을 잃게 됩니다. 버젓이 돈을 써 소비를 하면서도 그 대가로서의 가치를 얻지 못하기 때문에 공허감이 커져만 가는 거죠. 그런데 이 공허감을 채우기 위해 오히려 더욱 소비에 몰입하게 되면 말 그대로 악순환의 굴레에 들어서게 됩니다.

쪼그라든 자존감이
소비를 부추긴다

—

논술교사로 일하고 있는 Y씨는 일 때문에 어쩔 수 없이 고향을 떠나 서울에서 홀로 원룸 월세를 얻어 자취생활을 하고 있습니다. 타지라 그런지 같이 놀 친구도 거의 없어 주말이나 휴일이면 특별히 할 일도 없이 방에서 뒹굴거리며 보내기 일쑤였습니다. 무료하기도 하고 자꾸 우울해지는 것 같기도 해서 평소 관심 있던 사진 찍기도 배울 겸 사진 동호회에 가입하게 되었습니다.

나름 최신형 디지털 카메라를 들고 설레는 마음으로 첫모임에 나간

Y씨는 자신의 카메라가 소위 '똑딱이'라 불리며 전문가들 사이에서 다소 폄하되고 있단 사실을 처음 알았습니다. 한 동호회 회원이 사진 특강을 하는 동안 계속 농담처럼 똑딱이는 이런 분위기가 안 난다, 똑딱이로는 이런 깊이감이 없다 운운하니 살짝 기분도 상했습니다. 그러나 슬라이드 자료화면으로 온갖 종류의 렌즈와 그 효과를 눈으로 보니 전문가라는 게 단지 사진 잘 찍는 솜씨만의 문제는 아닌 것이 분명했습니다. 아나나 다를까, 전시되어 있는 동호회 우수작품들을 보는데 정말 사진의 깊이감이 남다른 것 같았습니다.

"몇 번 정도 기본교육을 받으면 다 같이 야외로 출사를 나가게 되는데, 도저히 똑딱이 들고는 못 나가겠더라고요. 결국 동호회 선배에게 이것저것 물어봐서 거금 들여 DSLR과 망원렌즈, 접사렌즈를 구매했어요. 처음엔 중고를 살까 했는데 이왕 새로 시작하는 거 최신형을 사는 게 낫겠다 싶어 그냥 여러 다양한 기능이 지원되는 최신 모델로 샀죠."

Y씨가 큰마음 먹고 구매한 최신형 DSLR에 대한 동호회 사람들의 관심은 실로 지대했습니다. 출사 가자마자 너도나도 다가와서 새로운 기능을 시험해보며 감탄하기도 하고, 이것저것 묻고 답하며 자연스럽게 동호회 모임에도 친숙해지게 되었습니다. 친숙도가 깊어갈수록 출사 후 뒤풀이가 길어지곤 했는데, 가끔은 음주가 과하여 다음 날 수업에 차질이 생기기도 했습니다. 무언가를 알면 알수록 사야 할 것이 한두 가지가 아니었습니다. 더불어 좋은 렌즈들 각각의 기능이나 브랜드별 장단점, 카메라 기종별로 천차만별인 색감, 각종 부대 장비와 액세

서리 등의 얘기를 나누다 보니 사진의 세계는 그야말로 우주처럼 광활한 분야였습니다. 내셔널 지오그래픽 출사용 가방을 공동구매하기도 했고, 카메라 수준에 맞춰 삼각대까지 업그레이드할 계획도 세우게 되었습니다.

처음에는 그냥 건전한 취미생활쯤으로 생각하고 시작한 사진 동호회 활동이 생각보다 큰 재미로 이어졌습니다. 자기만의 사진 블로그를 만들자 다수의 방문자들이 생겼고, 사진 작품에 대한 감탄의 댓글들로 채워지기 시작했습니다. 시간이 지날수록 이제 단순한 동호인이 아니라 전문가의 반열에 오르는 듯했습니다. 7평 남짓한 원룸은 각종 사진 장비들과 물품들로 빼곡히 채워지기 시작했고, 사진 찍는 일은 취미를 넘어 뭔가 새로운 삶의 의미가 된 듯한 느낌이 들기도 했습니다.

그랬던 Y씨가 갑자기 활동을 중단한 채 우울하고 의욕저하의 상태가 되고 말았습니다. 이사를 가야 하는데 보증금과 월세가 생각보다 많이 올라서 새로운 거처를 구하기 너무 힘든 현실이 갑자기 Y씨를 기운 빠지게 했습니다. '나의 통장 잔고는 왜 이리 초라한가, 그 동안 열심히 번 돈들은 대체 어디로 갔나' 하며 갑자기 자괴감이 몰려들더랍니다. 카메라 장비까지 팔아야 하나 싶은 생각에 미치자, 나에게는 동호회 활동도 사치인가 싶어 뭔가 억울한 마음이 들더라는 Y씨에게 그 동안 동호회 활동비로 한 달 평균 얼마 정도 썼는지 물었습니다. 이것저것 적어보던 Y씨는 소스라치게 놀랐습니다. 장비 구매비는 기본이고 출사 가서 먹고 뒤풀이하는 비용 등, 동호회 활동 2년 동안 월평균 60만 원 정도를 쓴 셈이었습니다. 그 돈을 모았다면 보증금을 올려주고도 남을 만한 꽤 큰 금액이었습니다.

애초 사진 동호회 활동의 목적은 그저 사람들을 만나 친교를 도모하기 위함이었으나 갈수록 사진을 잘 찍고 싶다는 욕망으로, 이는 다시 사진을 잘 찍기 위해서는 좋은 장비들을 갖추어야 한다는 쪽으로 자기도 모르게 자연스레 연결되고 있었습니다. 사람들을 만나 즐겁게 지내든, 사진을 잘 찍든 자신의 가장 중요한 목적과 행복과 가치가 무엇인지를 알고 그것을 충족시키는 데 시간과 재원이 투입되는 게 뭐가 아깝겠습니까. 다만 Y씨의 경우에는 결코 '사진 잘 찍자'가 동호회 활동의 목적이 아니었음에도 좋은 사진 장비를 갖추는 데 한꺼번에 너무 많은 예산을 투입하게 됨으로써 경제적 균형이 무너지고 있다는 데 문제가 있었습니다.

뭔가가 내 안에서 자꾸만 더 큰 소비를 부를 때 우리는 자기에게 질문을 던질 필요가 있습니다. '사람들과 잘 지내기 위해서 정말 사진을 잘 찍어야만 하는 걸까. 사진을 잘 찍기 위해서 정말 기자재를 훌륭하게 갖춰야만 하는 걸까.' 본질에서 멀어져 엉뚱한 곳에 돈과 시간을 쏟아 붓게 되면 추후 그 무엇으로도 채울 수 없는 공허감의 늪에 빠지게 될 우려가 있으므로 조심해야 합니다. 분명 문제는 '여력 이상의 소비'로 마이너스가 누적되고 있는 것인데도, 보증금을 제대로 모을 수 없는 비루한 현실이 문제라고 바꿔 생각해버리고 맙니다. '지금 여기'의 현실을 직시해야 문제가 해결될 수 있는데, 거듭 사양 업그레이드 연쇄 소비를 통해 '저기 어드메'에 있는 행복한 전문가의 삶으로 탈출을 꿈꿉니다. Y씨에게 타인과 잘 지낸다는 것은 타인의 선망의 대상이 되어 자기 과시를 하고픈 욕망을 의미했던 걸까요.

좋게좋게 생각하고 넘기는 자기기만은 얼핏 '긍정적 사고'처럼 보이지만, 본질을 자꾸 비본질적인 것들로 비껴가게 하면서 시간과 에너지와 돈을 엉뚱한 곳에 쏟아 붓게 하는 요물입니다. 뼈아픈 후회를 겪어야 비로소 문제가 뭐였는지 다시 생각해보고 방향을 수정해볼 수 있습니다. 무조건 좋은 쪽으로만 자기합리화를 하다 보면 본래의 '나'에서 조금씩 멀어지다 결국 원래 내가 원하던 것이 무엇이었는지조차 잊게 됩니다.

연쇄 소비가 일어나는
프로세스

–

"이 세상에서 행해지는 일의 절반은 무언가를 실제 모습과 다르게 보이도록 만드는 일이다."　　　　　- 엘리어스 루트 비들 목사

비단 자기기만 때문이 아니더라도 하나의 물건을 갖게 되면 그것에 어울리는 다른 물건을 계속해서 사게 되는 경우가 많습니다. 이러한 연

쇄 소비를 '디드로 효과 Diderot effect'라고 하는데요. 프랑스의 사상가 드니 디드로가 자신의 에세이 「나의 오래된 가운을 버림으로 인한 후회」에서 어느 친구가 선물한 우아하고 멋진 붉은색의 가운이 자신의 낡은 가운을 대체하면서 선물 받은 옷에 어울리게 책상이 바뀌고, 벽걸이가 바뀌고, 결국에는 모든 가구와 인테리어가 바뀐 일화를 소개한 데서 유래되었습니다. 이처럼 제품 간 조화를 추구하는 욕구는 한 소비에 이어지는 연쇄 소비를 자연스럽게 불러 일으켜 충동구매로 이어지게 만든다는 것을 보여주고 있습니다.

더 이상 소비는 삶의 필요를 충당하는 단순한 교환 행위에 불과한 것이 아닙니다. 우리는 어쩌면 필요 그 이상의 욕망을 충족하기 위해 소비합니다. 이 끝도 없는 배고픔과도 같은 욕망의 구성성분은 대체 뭘까요. 근원적 결핍과 트라우마, 이에 대한 보상기제에 관한 정신분석학적 접근, '자연선택'의 과정에서 '성선택'에 의거한 종족 번식을 위한 '자기 과시성'을 강조하는 진화론적 접근 등 다양한 견해가 있습니다. 순수한 자기 반성을 통하여 나를 들여다본다 하더라도 생각처럼 자기 분석이 그리 용이하지 않은 이유는 이처럼 욕망이 '무의식'의 영역이거나 '유전자'의 영향일 수 있기 때문이겠죠.

우리가 일상적으로 하는 모든 행위의 근본적 동기나 이유를 찾는 것은 이토록 어렵습니다. 나는 오늘 '그냥 왠지 예뻐서' 시폰 원피스를 느닷없이 샀을 뿐입니다. 애시 당초 무언가를 사는 데 뭐 그리 대단한 논리적인 이유란 건 없습니다. 그래도 '자유연상'을 통해 왜 내가 원래 사지 않던 스타일의 시폰 원피스를 비싼 돈 주고 흔쾌히 구매하게 되었는지 한번 차분히 생각해볼까요.

이 부드러운 시폰 원피스는 왠지 부드러운 여성성을 돋보이게 해주는 듯하고 편안한 느낌이 들어 좋다. 요즘 나는 왠지 묘하게 끌리는 남자가 생겼는데, 그 남자에게 좀 더 부드럽고 여성스럽게 보이고 싶다. 얼마 전 본 드라마에서 여자 주인공이 로맨틱한 꽃무늬 시폰 원피스를 입고 살랑살랑 봄 소풍 가던 모습이 참 예쁘고 사랑스러워 보였다. 회사의 남자 동기가 날더러 고집스럽고 자기주장이 세 보이는 여자 스타일이라며 스타일 좀 바꾸어보라고 말한 적이 있다. 백화점에 우연히 들렀는데 이상하게 시폰 재질의 원피스가 많이 보인다. 올 여름 유행하는 스타일인가.

시폰 원피스가 예쁘다, 필요하다 수준의 단순한 욕구 충족을 위한 소비는 아닌 것이 분명합니다. '여성성'이 '시폰 원피스'로 구체화되어, 결국 '시폰 원피스'를 구매하는 것은 내게 부족하다고 여겨진 '여성성'을 구매하여 보완하는 의미라고 볼 수 있습니다. '여성스럽게 보이고 싶다'는 욕망이 보이고, 그 욕망의 근원에는 '누군가 마음에 드는 남자가 생겼다'는 사실이 있습니다. 누구를 좋아하게 된 자연스런 현상이 곧장 소비로 연결되는 놀라운 순간입니다. 그런데 구매는 여기서 끝나지 않습니다.

늘 입던 스타일이 아니다 보니 시폰 원피스에 마땅히 신을 신발이 없다. 딱딱한 정장 구두를 신을 수는 없으니 이 참에 산뜻한 샌들 하나 사야겠다. 아, 가방은 어떡하지? 늘 들고 다니던 갈색 가죽 토트백은 전혀 매치가 안 되는데…… 헤어스타일도 너무 무겁고 칙칙하다. 밝게 염색도 하고 살짝 웨이브도 넣어볼까.

'여성성'을 물질화시켜 소비하고자 하니 순식간에 무한 확장되어 버리고 맙니다. 소비의 프로세스는 배고픈 욕망 그 자체입니다. 이러한 프로세스를 부추기는 힘의 근원은 무엇일까요. 애초에 자신이 소위 여성스러운 스타일이었다면 이런 욕망 소비가 일어났을까요? 왜 누군가가 좋아지는 순간이 곧 내게 없는 그 무엇이 내게 있는 것처럼 '위장'이 필요한 순간이 되고, 왜 우리는 즉각적으로 소비를 통해 이를 채워 넣고자 하게 되는 것일까요. 우리가 지극히 자기다운 순간에는 그 어떤 덧칠도 필요하지 않습니다. 있는 그대로 독특하고 나름의 아름다움을 가진 존재로 충분히 빛나게 마련이잖아요. 내 것이 아닌 다른 무언가를 욕망할 때 평안은 깨어지고, 가질 수 없는 것에 대한 선망의 허기가 시작됩니다.

내가 뭔가 자기 주체성이 부족해서일까요? 하지만 확고한 자기 주체성으로 충만하게 빛나는 인간이 몇이나 될까요. 한없이 여리고 부족한 우리는 이 사회 속에서 매 순간 자기답지 않은 '이상적'인 그 무엇이기를 요구 받으며 수시로 흔들립니다.

나의 욕망은
타인의 욕망

—

인간의 욕망이란 언제나 타인의 욕망이다. 결국 욕망이란 어떤 개인이 스스로 만들어낸 것이라기보다는 사회라고 하는, 기표가 떠다니는 세계 안에서 타인들이 욕망하는 것들 속에서 자신의 욕망을 건져올린다는 의미이다. 무엇무엇을 하고 싶다는 욕망, 무엇무엇이 되고 싶다는 욕망은 사실 내 안에서 발동한 것 같지만, 모두 타인의 욕망을 욕망한 것에 지나지 않는다. 라캉에게 욕망이란 지엽적인 문제가 아니라 인간 존재의 근원적 본성이자, 세계의 특성 그 자체를 의미하게 된다.

— 김영범, 『철학 갤러리』

마음에 드는 남자 앞에서 여성스럽게 보이고 싶은 욕망은 나의 내부에서 자연스럽게 생성된 것인지, 아니면 상대방 남자의 암묵적 요구에 내가 자발적으로 따르게 된 것인지 불분명합니다. 어쩌면 회사 동료의 여성스럽지 못하다는 타박에 대한 자연스런 보완 심리인지도 모르죠. 그 회사 동료는 왜 내게 좀 더 여성스러울 것을 '요구'한 걸까요. 사회적 통념이란 것이 여자는 여자다울 것을, 남자는 남자다울 것을 요구하기 때문일까요. 이유야 어쨌건 내게 부족하다고 언급된 여성스러움이 갑자기 요구되자 나는 그것을 보충하기 위해 '여성적으로 보여지는'

소비를 감행하기에 이른 것입니다.

　인간은 무리를 이루고 사는 군집형 개체입니다. 태어나서 자라는 동안 우리를 둘러싼 군집, 정확히 말하면 '사회'에 적응하도록 키워집니다. 우리가 사회화되는 과정은 끊임없는 외부의 요구에 대응하는 일이기도 합니다. 부모님은 공부 잘하고 예의 바르며 근면성실할 것을 요구하시고 그것은 나의 내면에서 어떤 규범 같은 것이 됩니다. 이러한 요구가 나의 타고난 본성과 일치한다면 부모님의 요구와 나의 본성이 만나 조화로운 사회 적응이 이루어질 것입니다. 그러나 애석하게도 나의 타고난 본성과 능력이 그러하지 못할 때, 부모님의 욕망은 '교육비'로 보완될 것입니다. 부모의 욕망에 자녀가 부합하지 못하면 그 부족분만큼 다양한 교육 프로그램과 훈육으로 채워지고, 그에 따른 비용이 발생하게 마련이니까요. 이 격차가 크면 클수록 큰돈이 들어가겠죠. 만약 부모가 있는 그대로의 자식의 모습을 인정하고 존중한다면 어떨까요? 적어도 경제적 비용은 줄어들지 않을까 싶네요.

　과연 비용을 들여 노력하면 사람이 바뀔 수 있을까요. 한 가지 분명한 것은 투입비용이 높아질수록 그에 상응해 아웃풋에 대한 기대치도 높아질 수밖에 없다는 것입니다. 외국에 유학 가서 박사과정까지 마치고 온 사람이, 단순히 좋은 배움의 경험이었다고 생각하고만 있을 수는 없겠지요. 귀국하여 일자리를 얻을 때는 '선투자'에 합당한 보수나 처우를 기대하게 마련입니다. 내 자격요건이 한 단계 높아질 때마다 만족스런 일자리의 절대 수치는 급격하게 감소하겠지요. 적합한 일자리가 부족하여 어쩔 수 없이 '선투자'를 훨씬 적게 한 사람과 같은 연봉에 같은 직급으로 일하게 된다면, 이제부터는 본격적인 '인격 수양'이 요구될 것입니다. 이미 투입된 '본전 생각'이 왜 안 나겠어요.

나의 행복과 만족의 문턱이 남들보다 조금은 높다는 것은 단지 내가 만족을 모르는 인격적 미성숙자이기 때문이 아니라 엄연히 선투자된 비용이 있기 때문입니다. 이 비용이 회수되어야만 한다는 강박은 '인풋 대비 아웃풋'에 따른 경제적 균형감각의 일환일 수 있지요. 하지만 충분히 만족하고 행복하게 살 수 있는 삶에 묘한 결핍이 생기게 마련입니다. 그렇다면 반대로 선투자 비용이 적을수록 적은 월급의 일자리에도 만족도가 높아질 가능성이 커지는 걸까요? 돈이 없어서 교육비를 투자하지 못해 더 좋은 일자리를 얻을 수 있는 기회를 박탈당한 느낌에 억울하지 않을까요?

내게 요구되는 타자의 욕망과 내 본연의 욕망이 내 안에서 자연스럽게 조화를 이루었을 때 비교적 원활하게 사회 적응이 이루어질 것입니다. 내 안의 욕망이 자연스럽게 발현되기보다, 교육이라는 명목으로 타인의 욕망이 먼저 내게 요구되고 강요되기 십상이기 때문에 사실 내 욕망을 알기란 그리 쉬운 일이 아닙니다. 오히려 욕망을 드러내는 것이 사회적으로 금기시되어 꽁꽁 숨기고 은폐하기 바쁠 때가 많죠. 그러다 보니 무엇이 내 욕망이었는지 아예 잊고 살기도 합니다. 돈을 쓸 때, 그 내밀한 욕망은 불쑥불쑥 자신을 드러냅니다. 때로는 우리를 즐겁게도 하고, 때로는 우리를 황망하게도 하는 그 소비의 실체는 바로 숨겨진 내 자신의 욕망입니다.

이게 과연 내 욕망인지, 내 안에 주입된 타자의 욕망인지를 구분해 내는 일, 순도 높은 내 욕망에 대해 좀 더 면밀히 살피는 일은 자기주체성 확립에 매우 중요한 일입니다. 내게 없는 그 무엇을 요구하는 타자의 욕망에 이끌려 사는 것은 소비의 주체가 내가 아님을 반증하는 일입니다. 이는 충분히 자기 만족적인 가치를 얻을 수 있는 소비 행위로 이어지지 않을 것이고요. 실체가 불분명한 남들의 시선이나 사회적 통념이 기준이 되면 나다운 행복과 만족은 상대적으로 우선순위에서 멀어져버릴 겁니다. 자기주체성이란 결국 '있는 그대로의 나다움'에 대한 '셀프 긍정'이 아닐까요. 타인의 인정보다 중요한 것은 우선 자기 스스로 자신의 욕망을 긍정하는 일입니다. 무조건 긍정이 아니라, 일단 긍정하고 수용하는 거요. 누가 뭐라든 그저 나다울 수 있고 그 자체로 스스로 만족할 수 있다면 남들의 요구에 맥없이 응해야만 하는 수동적 소비 제스처는 더 이상 큰 의미를 갖지 못하게 될 겁니다. 진짜 내가 원하는 것이 무엇인지를 알고 그것을 제대로 충족시켜주는 소비라야 삶은 더 건강하고 충만해질 겁니다.

욕망 소비는 원인과 결과가 불분명한 비합리의 영역입니다. 소비의 원칙과 기준의 바탕이, 사회적 기준이나 남들의 기준이 아니라 자신의 가치와 행복이 기준이 되려면 우리는 매일매일의 소비생활을 통해 있는 그대로의 자신을 들여다볼 줄 알아야 합니다. 그렇게 자기다운 기준을 스스로 정립하고 정당화하기도 벅찬데 많은 사람들은 '욕망 소비'를 하지 말고 '합리적 소비'를 할 것을 권고합니다. 그렇다면 대체 '합리성'이 뭐고 '합리적 소비'란 어떤 걸까요?

피곤한
합리적 소비 강박
—

A씨에게 쇼핑은 피곤한 노동입니다. 얼마 전 헤어드라이어가 고장나서 하나 새로 구매하는 데만 일주일이 꼬박 걸린 것 같습니다. 우선 '온라인 비교쇼핑'을 통해 전 제품을 가격대별로 쭈욱 훑어봐야 합니다. 보면서 너무 비싼 제품군과 너무 싼 제품군을 걸러낸 후 브랜드별로 장단점을 비교해봅니다. 추려진 대상들 중 쿠폰 할인, 카드 포인트 할인 등의 혜택 적용이 가능한지도 꼼꼼히 따져봐야 합니다. 제품 사용 후기도 살펴보고, 나중에 A/S는 어떻게 받을 수 있는지도 점검합니다. 그러는 동안 헤어드라이어가 없어 머리 말리는 데 고생한 남편은 '그까짓 거 그냥 하나 사지 뭘 그리 오래 고르냐'며 타박했지만, A씨는 왠지 불안해서 절대로 그냥 확 살 수가 없었습니다.

일반적으로 소비자들이 필요한 제품을 구매할 때 합리적 구매결정의 기준으로 삼는 것은 '가격 대비 품질'일 것입니다. 동일한 품목의 몇 가지 상품들을 서로 비교해보고 구매를 결정하는 과정은 현대 사회를 살아가는 소비자들에게 매우 당연하고도 중요한 행위입니다. 즉 비교를 해서 가격 대비 양이 많든 질이 좋든 따져봐야 내 선택이 '합리적'이라는 '안심'을 하고 기꺼이 내 피 같은 돈을 지불할 수 있게 되는 거죠. 간장 하나를 사더라도 습관적으로 이것저것 비교를 해보게 된다는 A씨는 그런 자신이 피곤하고 싫지만 어쩔 수가 없습니다.

혹여 선택을 잘못하여 반품이라도 하게 되면 그 수고로움을 이루 헤아릴 수가 없어서일까요? 선택 행위는 선택 당사자의 책임이 되는 경우가 많아서일까요? 혜택이라고 주어지는 각종 할인 전단지 광고나 각종 쿠폰들, 그리고 적립된 포인트는 결코 떨쳐버릴 수 없는 합리적 소비의 유혹입니다. 어차피 사야 할 것을 할인 받아 사면 그만큼 비용을 아끼는 셈이니까요. 적립된 포인트가 현금화되어 쓰여질 때면 그 혜택은 또렷이 내 가계부에 적용됩니다. 결국 할인된 것을 많이 산다면 그만큼 아끼는 비용도 커지게 되는 셈입니다. 싸다고 이것저것 카트에 담아 예산을 훨씬 초과하는 지출을 했어도, 아낀 비용을 더하며 '오늘 얼마 정도 번 셈이네~' 하는 이상한 계산법에 빠지게 됩니다.

대형마트라는 '물품비교전시장'은 우리를 여러 선택의 딜레마에 놓이게 합니다. 생활용품 15∼20% 할인쿠폰을 가지고 차로 30분 이상 가서 주차 대열에 합류해 기다려야 했다면, 그 이상의 이득을 보고야 말겠다는 '본전 심리'가 생길 법도 합니다. 일단 이렇게 어렵게 온 이상 더 싼 것들을 더 많이 사가야 수지타산이 맞기 때문이지요. 식사를 하거나 커피 한잔 하는 등 부대비용이 상승하면 '본전 심리'는 그에 비례하여 더욱 상승합니다. 그래서 또 다시 카트는 싼 물건들로 가득 차

애초의 소비예산을 초과하게 됩니다. 2000 ml 우유 한 팩만 사려던 건데 두 팩 묶음을 사면 할인도 적용되고 500 ml 우유 하나를 더 얹어주니 훨씬 이득이라며 두 팩 묶음을 삽니다. 두부도 한 모면 되는데 두 모를 사면 하나 더 얹어준다는 말에 도합 세 모의 두부를 사게 됩니다. 유효기간 내에 미처 다 못 먹은 우유와 두부는 억지로 먹게 되거나 결국 버려지게 됩니다. 참 이상한 나라의 합리주의입니다.

아주 저가나 고가 상품이 아닌 중간치 평균값에 가까운 상품을 선택하려는 심리적 경향을 이용한 가격전략을 '골디락스 goldilocks' 가격이라고 합니다. 이런 소비자들의 특성을 이용해 대형마트의 진열대에는 가격이 아주 비싼 상품과 싼 상품, 그리고 중간가격의 상품이 함께 배치되어 있습니다. 결국 소비자들은 본래 의도와 상관없이 중간가격대 상품을 '합리적'으로 선택하게 됩니다. 아주 싸면 품질이 의심스럽고, 그렇다고 아주 비싼 것을 사자니 주머니 사정 여의치 않다는 지극히 단순한 셈법이지만, 이것은 특정 상품으로 구매를 유도하려는 전략에 불과할 뿐 제품의 질에 따른 가격 차이가 아닌 경우가 많습니다. 힘없는 중소기업이 자사 제품을 품질에 관계없이 싸게 납품했다가 이런 유통전략 탓에 질 떨어지는 상품 취급을 받게 되더라도 어디에 억울함을 하소연할 길이 없습니다. 만약 가격 정책에 관계없이 제품의 질을 알아보는 현명한 소비자들에게 선택될 수만 있다면 서로가 좋을 텐데요.

이대로라면 우리는 '합리적 소비'의 강박에 휘말려 대형마트의 가격 정책에 전적으로 의존하게 될 것입니다. 마트에서 매겨놓은 가격의 차이를 자연스레 품질 등급으로 인식하게 되어, 우리 스스로 어떤 상품의 가치를 골라내는 눈썰미는 점차 퇴화되어갑니다. 수많은 물건들이 넘쳐나는 시장에서 우리 스스로 필요한 물건을 '결정'하고 골라내는 능력이 없다면 결국 단순 가격 비교를 '합리적 소비'라 여기며 사는 수밖에 없습니다. 싱싱한 생선 고르는 법, 제철에 나는 건강한 농산물 고르는 법 등은 글로 배울 수가 없는, 생존에 가장 필요한 기술입니다. 합리적 소비 강박으로 가격 비교에 올인하며 정작 중요한 소비 행위의 근본 기술은 놓치고 있는 셈입니다.

합리적 소비도
과시적 소비의 일환이다
—

흔히들 이런 이야기를 하곤 합니다. '남자는 꼭 필요한 것을 비싸게 사고, 여자는 불필요한 것을 싸게 산다.' 다 그런 것은 아니지만 소비에 있어서 남자와 여자의 합리성의 기준이 서로 다른 것만은 분명합니다. 생활경제코칭을 받던 부부가 가정의 지출 내역을 조사하던 중 서로의 지출 패턴과 관련하여 티격태격한 적이 있습니다. 남편은 주로 옷과 장신구를 많이 사는 아내의 지출 내역이 한심하다고 하고, 아내는 다 읽지도 않는 책들을 사서 쌓아두는 남편의 지출 내역이 어이없다고 합니다. 둘 다 상대방에게 조금 더 합리적으로 소비할 것을 권유합니다. 이

때 남편은 아내 들으라는 듯 분명하게 이야기합니다. "책을 사는 거야 좋은 일이지만, 옷 사는 건 그렇지 않잖아요."

우리 내부에는 뭔가 '좋은 소비'와 그렇지 못한 소비의 기준이 있는 듯합니다. 그런데 나의 '좋은 소비' 기준이 타인에게도 그대로 적용될 수 있을까요? 책을 읽고 배움을 얻고자 하는 것이야 나무랄 데 없이 좋은 일이겠지만 그것이 곧 '책 소비' 자체를 정당화해주진 못합니다. 좋은 책을 읽기 위해 도서관을 이용할 수도 있고, 또 서로서로 빌려 읽으며 책에 관한 이야기를 나눌 수도 있으니까요. 책을 많이 산다는 것이 곧 많이 읽는다는 것은 아니며, 어쩌면 이것은 옷을 많이 사는 행위와 별반 다르지 않은 자기 과시적 소비 행위의 일환일 수도 있습니다. 옷이나 장신구는 '아름다움에 대한 과시욕구'의 충족이라면, 책은 학벌과 마찬가지로 '지식과 교양에 대한 과시욕구'의 충족 지표일 수 있다는 거죠. 이 부부는 서로 과시하고 싶어하는 분야가 다를 뿐 근본적 욕망은 같으므로, 누구의 소비가 옳고 그른지 가려내느라 괜히 기운 빼지 말고 그저 각자 예산을 정해두고 그 안에서 적정 소비를 하면 될 일입니다.

우리는 있는 그대로의 자신을 드러내기보다 스스로 바람직하다고 생각하거나 근사하게 연출된 모습을 남들에게 보이길 원합니다. 인적이 드문 한적한 시골에 살며 농사짓는 사람이 명품 구두를 선호하기란 어려운 일이잖아요. 아직 자기 정체성이 형성되기 전인 사춘기에는 자기가 선망하는 것이 곧 자기의 정체성이 되기도 합니다. 인생 통틀어 이때가 스타, 브랜드, 외모에 가장 민감할 때라는 게 의미심장하죠. 타인에게 어떻게 보여지느냐로 자신의 정체성을 구성하는 시기를 지나면서 누군가는 지적인 사람으로, 누군가는 세련된 사람으로, 누군가는 성실한 사람으로, 누군가는 강한 사람으로 보여지도록 자신을 만들어갈 겁니다.

참 재미있는 것은 실제로 지적인 사람은 지적으로 보이기 위한 별도의 노력을 하지 않는다는 거죠. 내가 힘센 사람이라면 뭐 하러 일부러 강해 보이려고 하겠습니까. 지적인 사람이건 힘센 사람이건 간에 자연스레 자신의 특성과 성향이 외면으로 묻어나올 것이고, 사람들은 그러한 외면적 지표를 통해 그 사람의 다양한 특성을 파악할 것입니다. 그런데 내 자신이 어떤 사람인지 잘 모른다거나, 잘 알긴 아는데 썩 마음에 들지 않는다면, 우리는 있는 그대로의 자신이기보다 자신이 선망하는 그 어떤 모습이고자 더욱 노력하게 될 겁니다. 분명 상당히 많은 노력과 시간이 소요되겠지만, 그렇게 해서라도 선망하는 모습의 자신을 만들 수 있다면 노력해볼 만한 가치가 충분하겠죠. 그런데 만약 노력만으로는 안 된다면 그냥 포기해야 할까요? 본래의 나를 있는 그대로 인정하기보다 선망하는 사람이 되기 위해 노력하는 것은 매우 고통스럽지요. 그래서 인간은 조금 덜 고생스럽고 조금 더 빠르면서도 효과적으로 자신이 선망하는 모습을 연출하는 방법을 찾아내고야 말았습니다. 그런 모습을 '구매'하면 되는 겁니다.

짝짓기 본능에서 비롯된
과시와 소비 행위

–

내가 지적인 사람이 되고자 한다면 우선 타고난 지능도 좋아야 할 것이고 공부도 상당 기간 열심히 해야 할 것입니다. 그런데 안타깝게도 지능도 높지 않은 편이고 가만히 앉아서 공부하는 게 좀이 쑤시는 그런 사람이라면 괜히 지적인 사람 되려고 애쓰기보다 포기하고 그냥 내 생긴 바에 맞게 사는 게 평안하겠지요. 개인차를 있는 그대로 인정하는 사회라면 평안을 택하는 사람도 많을 것입니다.

그런데 우리가 사는 사회에는 몇몇 지배적 가치가 정해져 있습니다. 이 사회의 교육 시스템이 그런 지배적 가치에 부합하는 사람이 되라고 훈육하며 각자 자기 생겨먹은 대로 살아가도록 그냥 내버려두지 않습니다. 사랑하는 부모님 역시 내가 우선은 사회의 보편적 기준에 합당한 지적 요건을 갖춘 사람이 되기 위해 노력하기를 기대하실 겁니다. 부모님의 학벌이 높을수록 보편적 기준 역시 높아질 테죠. 노력으로 안 되는 부분이 있으니 있는 그대로의 나를 인정하시라고 일찌감치 부모님을 포기시킬 것인지, 아니면 어떻게든 지적인 사람이 되고자 인위적 노력을 해볼지 선택이 필요합니다. 타인의 기대와 호감을 저버리고 '나 원래 이래' 하며 있는 그대로 자신의 맨얼굴을 들이미는 것은 생각보다 큰 용기가 필요합니다. 아직 스스로 자신에 대한 확신을 갖기도 어려운 상태고, 별다른 뾰족한 대안이 없기 때문에 대충 타인의 기대와 요구에 맞춰주며 사는 게 우리의 일차적인 선택이 되지 않을까요.

슬프게도 아무리 노력해봐야 지적인 느낌과 거리가 멀다면, 지적으로 보이는 룩을 연출하면 됩니다. 학술서를 볼 시간에 최신 트렌드 잡지를 보면서, 얼마간의 돈을 투자하여 검은 뿔테안경을 써주고, 편안한 트레이닝복 차림보다는 캐주얼 정장을 입어주고, 최신 트렌드의 책을 검색하여 사서 들고 다닌다면 얼추 지적으로 보이는 사람이 될 수 있습니다. 어떤 내용의 책이냐고 누군가 물어온다면 당황하지 말고 블로그에 회자되는 기본 맥락만 이야기하면 됩니다. 확실한 것은 질문하는 상대도 그 책을 다 읽지 못했을 가능성이 크기 때문입니다.

소비주의는 어쩌면 가장 민주주의의 모습을 하고 있는지도 모릅니다. 진짜 지적인 사람인지 아닌지는 '타고난 유전'이라는 상당히 잔인한 생물학적 우열의 문제일 수 있지만, 이 소비주의 사회는 다양한 방법으로 지적인 사람처럼 보일 수 있는 길을 열어 주니까요. 지능이 없다면 돈으로 커버하면 됩니다. 리스크가 있다면, 돈으로 꾸며진 가짜라는 사실이 알려지면 사람들이 실망하고 분노할 수 있다는 거죠.

지적인 남성을 선호하는 어느 여성은 학위 높은 남자와 결혼했는데, 돈을 주고 구매한 학위였다는 걸 뒤늦게 알고는 속았다며 화를 냅니다. 애교스럽고 상냥한 여인의 외모에 반해 결혼한 어느 남성은 그녀의 아름다움이 모두 성형수술의 결과였다며 속았다고 합니다. 대상의 거짓된 과시성이 문제라면, 거짓을 감별해내지 못하는 자신의 눈썰미 역시 문제가 있는 것은 아닐까요? 자신이 가지고 있지 못한 어떤 성향을 과시하는 것은 '노력'의 일환일까요, '거짓 신호'이자 사기, 조작일까요? 지적인 연출이 고도화될수록 이제 우리는 대상을 선택할 때 진짜와 가짜를 구별하는 세밀하고도 정교한 눈썰미를 가져야만 합니다.

대체 우리는 왜 이리도 열심히 자기 과시를 하고 남들에게 어떤 식으로 보여지는지를 끊임없이 고민할까요. 진화심리학자인 제프리 밀러에 따르면 살아남기 위한 생존의 기술을 획득하는 것도 진화의 방향이지만, 짝을 선택하여 후손을 남기는 것도 진화의 중요한 방향이라고 합니다. 그러므로 나와 더불어 후손을 남길 '대상 선택 능력'을 키우는 것이 상당히 중요한 진화의 방향이었다는 것이죠. 누가 건강한지, 덜 이기적이고 가족을 보살필 줄 아는지, 거짓말하지 않고 충실할지 등을 잘 파악하여 대상을 선택하는 것은 짝짓기 이후의 안전한 생존을 판가름짓는 아주 중요한 지표가 되기 때문이지요.

문제는 이런 미덕들이 겉으로 잘 드러나지 않는다는 겁니다. '짝짓기 선택'에서 도태되지 않으려면 자기만의 가치와 미덕을 잘 드러낼 줄 알아야만 합니다. 끊임없이 과시하지 않으면 동족에게 밀려 자기만의 가치와 존재감이 그냥 묻혀버릴 수 있으니까요. 내가 원하는 좋은 가치와 미덕을 지닌 진짜 대상을 선택하려면 나 역시 뭔가 과시적인 타인을 잘 판별할 수 있는 눈썰미와 감각을 키워야 합니다. 단순히 언어적 커뮤니케이션 말고도 이런 다양한 채널의 '신호'를 주고받으며 적합한 '짝짓기 대상'을 감별해내는 과정은 청춘기의 가장 지배적인 욕망이자 삶의 중심이 됩니다. 그런데 내가 이미 갖고 있는 성향과 역량을 과시하는 거야 간단한 노력으로도 가능하지만, 내가 갖고 있지 않은 자질과 역량을 과시하려는 '선망구조' 때문에 '신호체계'에 혼란이 생깁니다. 즉 과장하거나 속이려는 과시성이 바로 혼란의 근원입니다.

'더 근사한 자신'을 구매하라

—

더 근사하게, 더 멋지게 보이고 싶어서 서로를 속이는 '가짜 신호들', 그 속에서 '진짜 신호'를 찾아내려는 어마어마한 노력들은 실로 전쟁터를 방불케 합니다. '짝짓기 본능'에 기반한 이러한 '군비경쟁'은 매우 값비싼 비용을 치르면서 치열하게 진화되어왔습니다. 사슴의 크고 현란한 뿔은 짝짓기의 순간만을 위해 평생 달고 살기에는 목디스크가 오지 않을까 싶을 정도로 너무 무겁지만 퇴화되지 않고 살아남았습니다. 공작새의 현란한 꽁지 깃털도 마찬가지입니다. 짝짓기 시기에만 쫙 펼쳐서 멋들어진 '과시성'을 뽐내려고 평생 허리에 거대한 페티코트를 두르고 사는 것과도 같죠. 적을 만나면 긴 꼬리는 뒤뚱뒤뚱 도망가기에도 번거로우므로 생존에 도움이 되지 않을 텐데 용케 살아남았다는 겁니다. '과시성'은 '생존'과도 맞바꿀 만큼 중요한 가치로 진화되어왔으니 얼마나 값비싼 비용을 치른 셈입니까.

생겨먹은 그대로의 자신의 본질에 충실할 수 있다면 괜한 과시비용도 절감되고 왜곡된 가짜 신호에 속을 위험도 적어지므로 불합리한 군비경쟁에 동참하지 않아도 될 것입니다. 바로 그런 이유에서 그저 있는 그대로 자기다운 자연스러움을 강조하는 윤리적 가르침은 자본주의 사회에는 맞지 않습니다. 자본주의 사회는 자신의 선망에 가까워지도록 끝없이 노력할 것, 치열한 군비경쟁에 동참할 것을 독려하는 고비용구조의 욕망산업 그 자체입니다. 혹은 인간 본성이 본래 그러하기 때문에 자본주의가 더욱 발전하고 있는 건지도 모르고요. 좀 더 멋진 자신을 드러내기 위한 과시 산업은 갈수록 근사하고 감쪽같이 진화되고 있어, 갈수록 진짜 형질을 감별해내기 어려운 지경에 이르고 있습니다. 그러나 인간은 시간이 지나면서 결국엔 자신의 진짜 형질로 회귀하게 마련이지요. 이때 가짜 신호에 매혹되어 내린 선택을 후회하고 이혼이나 결별을 통해 자신의 결정을 번복하려 하기 때문에 고통스러운 여러 문제가 불거지게 됩니다.

자신이 '가짜 신호'를 오인하고 잘못된 선택을 했다는 사실이 스스로 용납되지 않을 때 오히려 '가짜 신호'를 '진짜 신호'라 주장하며 집착하는 일이 발생하기도 합니다. 이미 시간과 돈과 에너지를 들인 선택인데 이 모든 게 가짜라고 인정해버리면 이만저만 손해가 아니잖아요. 게다가 이 모든 게 가짜라면 도대체 무엇이 진짜인지도 도통 모르겠습니다. 진짜가 되어본 사람만이 진짜를 감별해낼 텐데, 피차 가짜들끼리의 과시전쟁에서는 '당신 진짜야?'를 묻는 것이 뭔가 룰을 깨는 금기 행위 같은 것이 아닐까요. 결국 자신의 선택이 불가피하고 정당했음을 스스로 확신하고자 애초에 가짜는 없었고 자신도 속은 것이 아니라는 자기 위안을 하게 됩니다. 너무 고통스러우면 그것을 회피하고자 인간은 본능적으로 자기가 보고 싶은 것만 보는 편향을 갖게 되죠.

무엇이 진짜인지, 무엇이 가짜인지 남들을 감별하느라 애쓰는 것은 이제 더 이상 중요하지 않은 문제인지도 모릅니다. 내가 무엇에 왜 그리 매달리는지가 더 중요한 화두겠죠. 내가 왜 이렇게 젊어 보이는 데 매달리지? 내가 왜 이렇게 학벌에 매달리지? 어쩌면 그 안에는 젊음에 대한, 학벌에 대한 나의 슬픈 기억이 또아리를 틀고 있는지도 모릅니다. 자신의 타고난 개성과 쓸모가 사회적 통념이 만든 우열의 가치판단에 의해 평가절하되면 우린 이런 종류의 허기를 갖게 됩니다. 그렇다고 사회적으로 용인되는 가치로 자신을 위장하고 평생 자기답지 못한 삶을 살게 된다면 어떨까요. '네 자신을 알라'고 하지만, 자신을 아는 일은 정말 어렵습니다. 각종 선망과 신념과 욕망들이 내 안에서 뒤범벅되어, 있는 그대로의 나를 보기 어렵도록 크나큰 간섭질을 하기 때문입니다. 또 한편으론 각종 마케팅이 우리에게 욕망을 실현하고 더 나은 삶을 살라고 끊임없이 유혹하고 독려하기 때문이기도 합니다. 타고난 대로, 생겨먹은 대로 살지 말고, 더 '근사한 자신'을 구매하라는 요구 앞에 선 우리는 과연 '난 원래 이런 사람이야.' 하고 당당하게 맞설 수 있을까요?

내가 생겨먹은 그대로 사는 게 바로 자기 주체성이지요. 하지만 자기다움을 지켜내는 싸움은 실로 만만치 않습니다. 그것은 우리가 사회적 존재이기 때문입니다.

3장

돈이 부족한
사회적 이유

'거울뉴런',
인간의 사회성에 파고든 소비문화
—

나 자신을 직면하는 욕망 소비를 생각해볼 겨를조차 없다고 하는 분들도 많습니다. 마음 편히 제대로 뭔가를 사본 기억이 그리 많지 않기 때문에 자기 주체적 소비라는 말에 살짝 억울한 마음도 듭니다. 그저 우리가 처한 상황은 '돈이 내게 머무는 기간이 점점 짧아지고 있다'는 것과 '우리는 자기도 모르게 소비 당하고 있다'는 것입니다. 내가 돈을 벌었다는 것을 인식하기도 전에, 그 돈으로 뭔가를 사려고 마음먹기도 전에, 이미 많은 돈이 빠져나가는 구조입니다. 그렇다고 전혀 엉뚱한 곳에 돈을 뜯기고 있다는 것이 아닙니다. 꼭 필요한 곳에, 어쩔 수 없이 우선 빠져나간 후, 얼마 남지 않은 돈으로 소비할 수밖에 없는 데서 오는 상대적 박탈감이 문제입니다. 욕망을 돌아볼 새도 없이 대부분 이미 '고정지출'이 되어 쭉쭉 빠져나가버리기 때문입니다.

흔히 인간을 사회적 동물이라고 합니다. 주어진 환경 속에서 다양한 타인들과 소통하면서 생존할 수밖에 없는 존재이며, 고립되거나 따돌림 당하게 되면 지속가능한 생존이 위협 받게 됩니다. 그러니 나만 뚝 떼어놓고 '나는 이러이러한 사람이다'라고 설명하기가 어려울 정도입니다. 우리가 사회적 존재라는 사실은 '거울뉴런'의 존재가 밝혀지면서 더욱 확고해졌습니다. 우리의 두뇌 속에 존재하는 거울뉴런은 타인의 행동을 관찰하는 것만으로도 그의 행동을 온몸으로 이해할 수 있고, 그 행위를 나의 행동으로 복제하듯 실행하는 것을 가능하게 하는 뇌신경조직입니다. 마치 텔레파시처럼 주변 환경과 타인을 스캔하고 복제하는 능력이 우리 안에 태생적으로 존재하는 것입니다. 단순히 외적인 것을 포착하는 데 그치지 않고 타인의 감정 상태까지 이해하는 '공감 empathy' 능력을 가지며, 타인의 행위를 복제하여 실행으로 옮기는 '모방 imitation' 능력까지 보유하고 있습니다. 거울뉴런은 우리에게 '소통'과 '공존'이 생존의 필수조건임을 말해주고 있습니다.

요즘 아이들은 미디어의 홍수 속에서 살아서 그런지 언어 습득 및 구현 능력이 예전보다 훨씬 빠릅니다. 스마트폰에 대해 특별히 교육 받은 것도 아닌데 일단 손에 쥐면 능숙하게 게임을 찾아내어 즐겨 어른들을 놀라게 하죠. 거울뉴런이 없었다면 뭐든 처음부터 하나하나 새롭게 배우고 똑같은 시행착오를 거듭하는 수밖에 없었을 겁니다. 그러나 인간은 세상과 타인을 관찰하고 이를 모방함으로써 변화에 시시각각 적응하였고, 자신의 경험을 또다시 빠르게 전달하는 탁월한 능력을 지녔기에 지금과 같은 문명의 발전을 이룰 수 있었습니다.

문제는 다른 사람을 관찰하고 이해하며 공감하는 일이 때때로 원하지 않더라도 자동적으로 일어난다는 데 있습니다. 이러한 공감을 '감정의 공명현상'이라고 하는데요, 대표적인 사례가 바로 '군중심리'입니다. 평상시 축구를 좋아하지도 않고 잘 알지도 못하는 사람이 왜 월드컵 시즌만 되면 광화문 광장으로 달려가 '대~한민국'을 외치며 가슴을 졸이고 눈물을 흘리며 축구 경기에 열광하게 될까요. 스스로 눈치채지도 못할 만큼 순간적으로 분위기에 편승되기 때문에, 다분히 이성이 작동하기 어려운 상황에 놓이게 됩니다. 동시다발적으로 일어나는 순간적 공감 형성의 힘은 실로 즉각적이고 엄청나서 월드컵 경기나 미국의 슈퍼볼 경기 등의 광고는 천문학적 가치를 갖게 됩니다. 개인적 판단과 선택 없이 해당 정보가 자동 복제되어 각인되는 효과를 누리기 때문입니다.

'스토리'는 대대로 인간의 모방 능력을 가장 잘 전달하는 도구로 알려져 있습니다. 끊임없이 생산되는 뒷담화와 입소문은 모두 누군가에 대한 이야깃거리이며 이러한 인간의 속성을 제대로 활용한 것이 바로 소셜 네트워크 서비스 SNS입니다. 아는 몇몇 사람들과 은밀하게 나누던 지극히 사소한 뒷담화를 불특정 다수와 글로벌하게 소통할 수 있게 된 것이죠. 일파만파 퍼져나가는 풍문의 후폭풍을 보노라면 SNS의 파급력을 실감하게 되는데, 이런 SNS를 활용한 바이럴 마케팅은 이미 대세가 된 지 오래입니다. 단지 제품이 아니라 제품에 대한 스토리가 팔리는 것이죠. '막장드라마'의 스토리에 묻어 자연스럽게 노출되는 여주인공의 액세서리를 보며, '저거 예쁘다, 하나 사고 싶다'고 생각하게 되고 자연스럽게 구매로 이어지도록 하는 PPL 역시 널리 알려진 광고 기법입니다.

사회의 현재 발전 수준은 그 사회의 스탠더드한 소비 수준을 만들어냅니다. 단순히 우리가 주관이 뚜렷하지 못해서 남들 따라 소비하는 것이 아니었던 것입니다. 선택의 여지없이 사람들은 서로를 관찰하고 모방하면서 순식간에 동시대의 소비 트렌드를 추종해나가게 되고, '내가 왜 이런 소비를 했는가'에 대한 자기 반성이나 판단은 뒤늦게 따라옵니다. 나의 소비는 내 취향이나 주관적 만족감 등에 의해 내린 지극히 개인적인 결정이라기보다, 자기도 모르게 옆 사람이 하니까 따라하는 멤버십 행위 같은 것일 수도 있단 얘깁니다. 이런 상황에서 소비는 선택하면 즐거운 능동적 행위가 아니라 갈수록 따라하지 않으면 뒤처지는 고단한 의무방어가 될 수도 있습니다.

안 쓸 자유가 없는
통신비

—

드라마 〈응답하라 1994〉에 등장하는 삐삐. 요즘 20대 이하는 잘 모르겠지만 제가 대학 다니던 시절에 삐삐가 처음 등장해 그야말로 선풍적인 인기몰이를 했습니다. 삐삐와 관련된 사연들은 정말 어마어마하게 많을 겁니다. 비슷한 시기에 시티폰이 나오고, 뒤이어 PCS와 셀룰러폰이 나오고, 스마트폰이 대중화된 요즈음까지 얼추 20여 년 정도 걸린 것 같습니다. 지금은 스마트폰과 무선인터넷 없이 산다는 걸 상상하기 힘들 정도니, 사실 통신 기술 발전 속도가 워낙 빨랐지요? 덕분에 삶이 편리해진 만큼 통신비는 이제 식비만큼 삶의 필수 비용이 되어 버린 지 오래입니다. 게다가 통신비 상승률은 가히 폭발적입니다. 너구리 라면가락 같았던 굵직한 전화줄로 대변되는 다이얼 유선전화 시대의 한 달 통신 요금은 몇천 원 수준이었던 것으로 기억합니다. PC통신 서비스가 시작되고 어마어마한 통신비 청구액이 사회적 문제가 되었던 적도 많았지요. 지금은 4인 가족 평균 20만 원을 상회하는 통신비를 자랑하는 통신강국(?)의 자랑스런 국민이 되었습니다. 우리 스스로가 간절히 원했던 일인가요? 그냥 뭐 시대가 좋아지니 '편승하지 아니할 수 없어서' 여기까지 오게 된 것 아닌가요?

기술 혁신으로 생활이 편리해진 건 좋지만, 문제는 그에 수반되는 비용이죠. 게다가 일단 늘어난 통신비를 다시 줄이기란 여의치 않습니다. 애써 줄이려면 인터넷을 끊거나 스마트폰을 알뜰폰으로 교체하거나 아예 쓰지 말아야 하는데, 이게 가당키나 합니까. 목에 칼이 들어와서 협박 받으며 억지로 스마트폰을 쓰고 있는 것은 아니지만, 없앨 자유가 없다는 점에서 이것은 나의 소비 결정권이 크게 중요하지 않은 '사회구조적 의무소비'인 것이 분명합니다. 우리에게 허락된 자유란 휴대폰을 사용할 것이냐 말 것이냐를 결정할 수 있는 '주체적 판단'이 아니라, 통신사 중 어디를 택할 것이냐를 결정하는 한정된 선택의 자유일 뿐입니다.

이것은 속칭 '바람둥이 화법'이라 불리는 '더블 바인드 기법'에 의한 마케팅 전략인데요, 교묘한 프레임으로 '양자택일'을 유도하는 방식입니다. 한 남자가 아름다운 여인을 보고 데이트 신청을 할 때 "아가씨, 너무 아름다우시네요. 저와 함께 차 한잔 하시겠어요?"라고 묻는다면 그는 십중팔구 순진남이고 거절 당할 확률이 높아집니다. 바람둥이는 이렇게 묻는다고 하네요. "우리 아름다운 아가씨는 녹차랑 커피 중 어떤 걸 좋아하시려나?"

첫 번째 질문은 대상자로 하여금 'Yes/No'를 직접적으로 말하도록 유도하는 방식입니다. 게다가 이런 제안을 받으면 여자는 일단 'No'할 확률이 높아집니다. 느닷없이 들이대는 남성에게 호감을 느끼기란 어려운 일이죠. 설사 마음에 든다 하더라도 '쉬운 여자'로 보일까봐 일단 거절할 가능성이 높다는 겁니다. 두 번째 바람둥이의 질문은 'No'라는 말이 여성의 입에서 나오지 않도록 계속적인 대화를 유도하는 방식입니다. 나를 만나줄 거냐 말 거냐 따위는 아예 묻지도 않습니다. 만남은 당연한 듯 전제하고, 그 안에서 양자택일 하도록 종용하면 사람은 순간적으로 주어진 선택지 안에서만 선택하려는 강박을 보인다네요. 그냥 녹차냐 커피냐 취향을 묻는데, '됐거든요!' 정색하는 것도 뭔가 좀 오버하는 것 같은 상황이 되잖아요. 그래서일까요? 암보험도 가입여부를 묻지 않고 '80세 만기형'으로 할 건지 '갱신형'으로 할 건지를 곧바로 묻습니다. 원래 암보험 가입 계획이 없었던 나는 또 '뭐가 좋을까'를 고민하고 있고요. 차를 사러 가도 그렇고, 옷을 사러 가도 마찬가지입니다.

　우리는 통장에서 매월 꼬박꼬박 빠져나가는 통신비를 줄일 수가 없습니다. 우리에겐 그런 선택권이 없어요. 극히 일부 사람들이 스마트폰에 중독된 자신을 자각하고 다시 피처폰으로 갈아타려는 노력을 하고 있긴 하지만요. 게다가 자동이체는 돈을 쥐고 소비 결정을 내리는 것과는 또 다른 의미를 갖습니다. 자동이체로 빠져나가는 고정비용은 마치 부채 이자 내듯 돈을 쓰고 얻는 만족감 같은 게 없습니다. 정확히 말하면 과거에 이미 돈을 쓰고 만족감을 얻은 지 오래라 돈이 실제로 빠져나가는 지금은 만족 같은 게 남아 있을 리 없는 거죠. 이처럼 고정비용이 높아지면 손에 쥐고 쓸 수 있는 '가처분 소득'이 줄어들게 되므로 살면서 소비의 만족도가 낮아지게 됩니다.

내 통장엔
빨대가 꽂혀 있다

—

석유 한 방울 나지 않지만 금수강산 대한민국의 자랑 중의 자랑은 맑고 풍부한 물 아니겠습니까? 초정리에서는 광천수씩이나 나와주고 있고, 현무암 토질은 식용수가 부족하기 십상이라는데, 제주도 물을 그렇게 육지 사람들이 뽑아 먹어도 되는 건지 모르겠지만 아무튼 제주도 생수도 엄청 잘 팔리고 있죠. 수돗물 역시 세계 그 어느 곳보다 깨끗하고 위생적인 수준이라는데, 그럼에도 각 가정에는 정수기가 렌탈 방식으로 필수 생활가전이 된 지 오래입니다. 네, 비용 지불 없이 마시고 쓰던 물 역시 삶의 고정비용이 되었습니다.

사실 물이 깨끗하더라도 수도관이 낡아서 녹물이 나올 수도 있고, 환경오염으로 인한 각종 이물질들이 첨가될 수도 있어 정수기가 불필요하다고는 할 수 없죠. 그러나 간간이 미디어에서 보도되는 내용을 보면 오히려 정수기로 인해 물이 더 오염되는 경우가 많아 문제라고 합니다. 제아무리 정수가 잘 되어도 고인 상태로 보관하면 병균과 유해충의 온상이 되기 십상이고, 필터링을 지나치게 하면 오히려 물의 유익 성분인 미네랄마저 없애버린다는 등 참 심란한 얘기들뿐입니다. 돈 들여 쓰는데 아니 쓴만 못한 결과가 나오면 당연히 우리 소비자는 고통스럽지 않겠습니까.

사실 정수기를 사용하는 중요한 이유는 위생보다 편리성 때문이 아닐까 싶어요. 펄펄 끓이지 않아도 뜨거운 물이 곧바로 나오고, 일부러 냉동실에 얼리지 않아도 얼음이 곧바로 나오니까요. 위생 부분이야 이 견이 많을 수 있어도 편리함 때문에 3~8만 원 가량 고정적으로 정수기 렌탈 비용을 지불하고 있다는 건 기정사실 같습니다. 고정비용을 낮추기 위해 정수기를 없앨 수 있나요? 생각보다 저항이 만만치 않습니다. 물을 어떻게 일일이 끓여 먹느냐, 불안해서 어떻게 수돗물을 그냥 먹느냐…… 이 돈 아낀다고 부자 되지 않는다, 그냥 이렇게 살란다!

정수기 시장도 포화인지 이제는 탄산수가 각광 받고 있습니다. 탄산수 제조기로 물에 탄산을 주입하여 마시는 것은 물론 세안까지 하면 좋다고 하는데요. 다음에는 또 어떤 좋은 물이 나올까요. 그냥 수돗물 마시면 특별한 추가비용 없이 살 수 있겠지만, 어디까지나 개인의 취향과 선택이니까요. 다만 높아진 물값만큼 경제적 여유가 줄어드는 것은 사실이겠죠.

대부분 이런 명분으로 고정비용이 유지되고 있는 한, 우리 삶의 고정비용은 계속 높아져만 갈 겁니다. 어차피 '편리하다', '유익하다'는 이유로 삶의 필수 요소들은 하나둘 계속 증가하겠지요. 삶의 고정비용이 계속 늘어난다는 건 '가처분 소득'이 계속 줄어든다는 거고, 우리의 경제적 여유 또한 계속 줄어든다는 겁니다. 그래서 세상은 뭐든 일단 고정비용으로 만들어 우리 통장에 빨대를 꽂기 위해 혈안이 되어 있습니다. 일단 꽂히면 그냥 나가야 될 돈으로 인식되어 더 이상 들여다보지 않게 됩니다. 우리의 합리적일 것만 같던 두뇌는 의외로 편리함에 무력하고, 빨대에 관대합니다.

삶의 마지노선,
먹거리 비용이 높아지는 이유
–

만약 느닷없이 소득이 중단되어 소비를 최대한 줄여야만 하는 상황이라고 가정해보겠습니다. 머리도 못 자르고, 옷도 못 사고, 친구들도 못 만나고, 책도 못 사보고…… 이것저것 최대한 다 빼보고 가장 마지막에 남는 비용, 더 이상 줄이려 해봐야 줄일 수 없는 삶의 마지노선 비용이 어디까지일까요. 생존과 직결되는 최소한의 필요비용, 바로 먹거리 비용이 아닐까요? 먹거리 비용 중에서도 필수적 비용과 선택적 비용으로 또다시 구분하여 줄여보도록 하겠습니다. 커피나 간식, 술, 담배 등과 같은 기호식품 비용을 뺀 나머지 기본적인 식비만이 남을 것입니다. 문명이 우리에게 주는 삶의 풍요와 혜택을 하나둘씩 제해 나가다 보면 고스란히 '생존비용'만이 디폴트로 남게 됩니다. 이제 기본적인 식비를 한 끼당 5천 원으로 잡으면, 하루 세 끼 1만5천 원, 한 달이면 45만 원, 1년이면 5백40만 원이라는, 말 그대로 최소 생존비용이 산출됩니다. 흥미로운 사실은 이 최소 생존비용이 사는 동안 평생 기본비용이라는 것입니다.

이제 이 최소 생존비용에다 필수 소비 항목을 하나둘씩 더해보겠습니다. 만약 커피를 매일 한 잔씩 꼭 마셔줘야 하는 사람이라면 커피값이 추가되겠죠? 커피 한 잔을 편의상 4천 원으로 계산하면 한 달에 12만 원, 1년에 144만 원이 플러스 됩니다. 여기에 교통비, 통신비, 각종 공과금 등 생활하는 데 필수비용이라고 생각하는 것들을 더해나가다 보면 단지 먹고 생존하는 데만도 생각보다 많은 비용이 필요함을 알 수 있습니다. 그렇습니다. 식비는 생존의 가장 중요한 기본 축이자, 가장 오랜 기간 동안 가장 많이 소요되는 비용입니다. 고로 체감되는 삶의 질에 가장 큰 영향을 미치는 항목이기도 합니다.

이렇듯 생존의 기본만 지키고 살기에도 만만치 않은 먹거리 비용에 각종 '사회적 양념'이 보태져서 우리의 식비는 차츰차츰 높아지고 있습니다. 대표적인 것이 바로 '오염'으로 인한 먹거리 비용 상승입니다. 환경오염과 대량재배에서 비롯된 무분별한 농약 사용이 문제시되자 '유기농 코너'가 따로 운영되고 있습니다. 원래 먹거리라는 게 다 유기농으로 재배되어야 하는 게 아닌가 싶지만, 아무튼 유기농은 더 비쌉니다. 여기에 방사능 유출과 구제역까지 겹치면서 갈수록 안전한 먹거리를 얻기 위한 비용이 높아지고 있습니다.

대형마트가 확산되면서 자연스레 정착된 대량소비문화는 기본 생활비를 높인 주범일 뿐만 아니라 비만이나 알코올 중독과도 관계가 높아 보입니다. 언제부턴가 항상 집에는 라면이나 과자, 빵 등이 상비되어 있습니다. 취침시간이 갈수록 늦어지면서 야식은 필수코스가 되었죠. 야밤에 자연스레 배가 고파오더라도 집에 먹을 것이 없다면 애써 사러 다녀와야 하는 불편이 따르니 아마 귀찮아서라도 참을 확률이 높아질 것입니다. 그러나 너무 풍요롭게 비상식량(?)들이 구비되어 있으니 쉽사리 먹게 되고, 곧바로 자고, 아침에 입맛도 없고 얼굴도 붓고 하는 건강 악순환이 계속됩니다. 야식을 줄이면 간단하고도 경제적인데, 역시 또 돈을 들여 헬스클럽에 등록한다거나 특별한 식이요법을 위한 건강식품을 구매하는 등 비용만 계속 늘어납니다.

무엇보다 맥주나 와인 등이 집에 상비되면서 언제든 일상적으로 술을 마실 수 있는 분위기가 조성되었습니다. 퇴근하고 집에 와서 따뜻한 물에 샤워 한 판 개운하게 하고 소파에 포근하게 안겨 맥주 한 캔 마시며 TV를 보는 즐거움이 인생의 낙이라고 이야기하는 남성분들이 참 많습니다. 다들 한결같이 밖에서 비싼 술 먹는 것보다 이게 훨씬 경제적이고 폭음도 안 하게 되니 좋지 않느냐고 이야기합니다. 우리가 반드시 정해진 양의 술을 꼭 마셔야만 한다면야 어떻게 마시는 게 나을지 고민할 필요가 있겠지만, 술이란 가급적 적게 마실수록 건강에 좋은 거 아닌가요? 술이 가정에 상비됨으로 인해 일상적 음주문화가 생기게 됩니다. 어쩌다 한 번 폭음보다 일상적으로 늘 일정량 마시는 것이 훨씬 알코올 중독 가능성이 높다고 합니다. 무엇보다 아이들이 자연스럽게 일상적으로 음주에 노출된다는 게 문제입니다.

먹거리 소비는 언제나 발생하기 때문에 상시적 유통 규모가 크고, 그에 따라 먹거리 공급 질서는 갈수록 생산 중심보다 유통 중심으로 형성됩니다. 거대 유통사들이 마진율을 높이기 위해 생산원가를 줄이도록 강요하는 사회적 시스템에서 먹거리의 안전성은 더 이상 보장되기 어려운 상황입니다. 요구하는 가격에 맞춰 납품하려면 역시 생산단가를 낮춰야만 하고, 이는 식재료의 저품질화로 이어지게 될테니까요. 이러한 문제 때문에 '생협'이나 '직거래' 등 대안 유통 시스템을 이용하는 소비자들이 점점 늘어나는 추세이긴 하지만, 이 또한 이미 구축된 유통 인프라 밖에서 새롭게 구축되는 유통망이기 때문에 상대적으로 고비용 구조일 수밖에 없습니다. 그렇다고 몸에 좋지 않은 식재료나 음식을 단지 싸다는 이유로 계속 사먹기도 어려운 일이니 참으로 진퇴양난이 아닐 수 없습니다.

배달앱까지 등장할 만큼 배달음식이 일상화되면서 식비가 수직상 승하고 있습니다. 밤에 부부가 '치맥'을 자주 즐기는 편이라 일주일에 두세 번은 배달시켜 먹는다고 하면, 한 번 배달시켜 먹는 데 2만 원의 비용을 가정할 경우 한 달 10회 20만 원을 치맥 먹는 데 쓰는 게 됩니다. 반찬이 부족하다 싶으면 해물찜, 족발, 보쌈 등을 시켜먹을 때도 많고, 아이들이 있는 집은 피자나 중화요리 배달도 종종 활용하게 되죠. 하루 평균 3끼, 한 달에 90끼 중 20회 정도를 배달음식으로 먹을 경우 회당 평균 2만 원 정도의 비용이 든다고 치면 한 달에 50만 원 정도 쓰게 됩니다. 그렇다고 장보는 비용이 줄어드는 것도 아니라는 게 문제 죠.

'몸에 좋지 않은 것에 돈까지 없애진 말자.' 온갖 종류의 다이어트 에 실패한 한 여성분이, 냉장고에 크게 써 붙여두어 효과를 봤다는 '부적'이라며 알려준 문구입니다. 몸에 좋지도 않고 군살만 찌우는 라면, 과자, 빵 등을 집에서 싹 걷어내고 냉장고에 오이, 당근, 양배추를 사서 넣어두었다고 합니다. 배고프면 어쩔 수 없이 이러한 채소들을 그냥 씹어 먹게 되고, 이렇게 3개월 정도 지나자 자연스럽게 더부룩했던 배부터 가벼워지더랍니다. 늘 냉장고에 비치해두던 맥주를 없애고 나니, 맥주 안주를 핑계로 얼마나 고칼로리 고비용의 음식들을 먹었는지 되돌아볼 수 있었다고 합니다. 식비가 절반으로 줄어드는 경제적 효과까지 있었고요.

M씨는 4인 가족 살림을 꾸리면서 한 달 평균 식비가 20만 원 정도 나온다면서 본인이 얼마나 알뜰하게 살림을 하는지를 매우 강조하셨습니다. 통상적인 식비에 비해 너무 적게 든다 싶어서 자세히 들여다보니, 김치나 고추장, 된장, 계절별 채소 등을 시골 부모님 댁에서 자주 택배로 보내주고 계셨습니다. 이 모든 것을 돈 주고 구매하려면 식비가 훌쩍 올라갈 텐데, 본인의 알뜰함 못지않게 부모님의 지원 덕분에 식비를 덜 들이고 살 수 있었던 거죠. 게다가 부모님께서 손수 재배하신 식재료의 안전성은 돈으로 가치를 매기기조차 어렵지요. 꽤 많은 집들이 시골에 사시는 부모님들로부터 먹거리를 공수 받아 먹고 삽니다. 부모님 세대가 돌아가시고 나면 아마 대한민국 평균 식비가 많이 상승하지 않을까 생각됩니다.

식비는 개인의 평생에 걸친 생존비용이지만, 단순히 개인적 비용이 아니라 지극히 사회적 고정비용이기도 합니다. 직접 재배해서 먹고 사는 것이 아닌 이상 개인의 생존적 필요나 욕구보다는 사회적 유통 시스템과 트렌드, 위생과 안전 등 지배적 가치의 영향을 많이 받기 때문입니다. 이런 구조 속에서 자연스레 습관화되어 통제되지 않고 지출되던 식비를 다시 한 번 들여다보면서 내 몸과 살림살이의 건강을 위해 약간의 구조조정이 필요합니다. 그 어떤 음료수보다 물이 싸고 건강에 좋습니다. 편리한 반조리 식품보다 생채소가 몸에도 좋고 쌉니다. 희한하게도 몸에 좋을수록 경제적으로도 훨씬 저렴합니다.

가사노동의
사회화 비용
_

사는 동안 먹는 일만큼이나 불가피하게 평생 따라붙는 것이 바로 가사노동이죠. 우리는 집에서 잘 쉬고, 잘 씻고, 잘 먹고, 잘 자고 나서 말끔한 상태로 리프레시되어 또다시 하루를 시작하도록 효과적으로 재부팅되어야 합니다. 혼자 살더라도 청소와 정리정돈, 세탁과 다림질, 요리와 설거지 등은 불가피하죠. 부양가족이라도 생기면 가사노동의 양은 천문학적으로 늘어납니다. 틈만 나면 집은 무질서와 혼돈의 상태가 되어버리므로 우리는 계속 치우고 정리하면서 성실하게 유지보수하며 살아야 합니다.

사회적으로 대단한 업적을 일구어낸 사람의 뒤에는, 그 사람이 자잘한 일상의 문제에 시간과 에너지를 뺏기지 않도록 오만 가지 일을 대신 처리해주는 인생의 파트너가 있게 마련이죠. 지금까지는 주로 가정주부가 그런 역할을 하며 살림살이를 도맡아 해결해왔습니다. 그러나 가사노동이라는 것은 한도 끝도 없이 반복되는 소모성 노동이기도 하고, 사회적으로 연봉이 책정되어 있다거나 승진 혹은 명예가 높아지는 등 가시적인 성과나 보람이 남는 일도 아니죠. 가족 구성원들조차 갈수록 당연하게만 생각할 뿐 제대로 고마워하지 않습니다. 이제 여성도 일을 통한 사회적 자아실현의 욕구가 높아졌고, 끝도 없이 오르는 집값과 교육비 때문에 불가피하게 돈을 벌어야 하는 상황이기도 합니다. 이런 이유로 여성들이 가사노동을 전업으로 하는 비율은 점차 낮아지고 있습니다.

이제 가사노동은 여성의 전유물이 아니라 가족 구성원이 고르게 분담하여 처리해야 할 일이 되었습니다. 그러나 실제로 가사노동은 평화롭게 분담되지 못하고 있는 상황이고, 그러다보니 갈수록 숙련도가 떨어져서 타인 혹은 도구의 도움이 절실해지고 있습니다. 이제 각종 청소 도구들과 가전제품들이 삶의 기본 옵션이 되었죠. 진공청소기에 스팀청소기, 최근에는 스스로 청소하는 로봇청소기까지 등장했고, 이 세 가지 모두를 보유하고 있는 집도 많습니다. 여기에 내 힘만으로는 해결이 어려운 '위생'의 개념까지 더해져서 각종 화학제품들과 전문 청소업체까지 등장하였으니 청소 하나만 해도 돈 깨질 일이 한두 가지가 아닙니다. 사실 청소는 빗자루와 걸레만 있으면 크게 비용 쓸 일 없이 몸으로 해결되는 가장 단순한 일이었는데요.

빨래를 위해 세탁기는 이미 필수가전이 된 지 오래고, 이에 맞춰 각종 세제들과 세탁을 돕는 용품들도 다양하게 필요해졌습니다. 내 손으로 직접 세탁하기 어려운 옷들은 세탁소에 맡겨서 전문가의 도움을 받아야 하죠. 와이셔츠처럼 자주 빨고 다림질해야 하는 품목들은 이미 세탁소에서 도맡아 처리한 지 오래입니다. 설거지는 식기세척기가 담당하고, 반찬도 누군가가 만들어놓은 것을 사다 먹습니다. 간편조리 혹은 반조리 식품을 이용하려면 전자레인지는 필수가전입니다. 이 모든 것들을 한꺼번에 가사도우미에게 맡기면 가장 편리하겠지만 그 비용이 만만치 않죠. 가사노동이 원래 우리가 숨 쉬는 것처럼 늘 해야 하는 건데 일차적으로 가정주부에게 전가되었다가 그 후 점차 타인에게, 혹은 가전제품에게 전가되고 있습니다. 일자리 창출이고 가전제품의 수요 증가이므로 경제적인 의미에서 보자면 좋은 현상인 걸까요? 그러다 보니 삶의 기본비용이 된 그 돈을 벌어야 해서 맞벌이는 선택의 여지가 없는 필수 조건이 됩니다.

삶의 비용을 줄인다는 것은 반대의 과정, 즉 돈으로 해결하던 일들을 다시 가져와서 내가 몸으로 한다는 것을 의미합니다. 사실 가사노동이란 어떻게든 해치워야 하는 허드렛일이 아니라 생존을 도모하는 '삶의 기본 기술'이기도 합니다. '웰빙'이라 불리는 참살이의 트렌드는 특별한 이벤트보다 일상적인 삶의 기본에 충실하고 그 질을 높이는 것이 행복의 기반임을 반영하고 있습니다. 제철에 맞는 신선한 먹거리를 고를 줄 아는 기술, 영양소 파괴를 줄이고 식재료 본연의 맛과 풍미를 살리는 요리 및 가공 기술, 웬만한 생활가구나 소품들을 스스로 만들어 애착을 가지고 사용할 줄 아는 기술, 가족 구성원 모두가 함께 청소하고 빨래하면서 집안 구석구석을 알아가고 일상을 나누고 더불어 기여하며 대화를 이어가는 기술…… 어쩌면 가사노동은 가족들과 삶의 과정을 공유하고 생존의 기술을 꾸준히 연마하는 일종의 공동 수련 과정이 아니었을까요? 이것을 돈 주고 타인에게 맡겨버리면서 가족은 공동의 경험을 하나둘 잃어가게 된 건지도 모릅니다. 가사 노동에서 놓여난 대신 가족 간의 대화와 소통은 부족해졌습니다. 이는 경제적 손실보다 더 큰 손실이 아닐까 싶습니다.

먼 옛날 노예 제도가 있던 시절, 주인은 자신의 모든 가사노동과 허드렛일 들을 노예에게 맡겨버리고는 사람들과 어울려 예술을 향유하고 시를 읊고 여행을 다니며 삶을 마음껏 누리며 여유롭게 지냈습니다. 시간이 갈수록 주인은 노예 없이는 옷도 제대로 챙겨 입지 못하고 음식도 먹지 못하는 등 뭐 하나 스스로 하지 못하는 무능력 상태가 되어갑니다. 반면 노예는 계속 고되게 일하지만 시간이 지나면서 점차 빨래의 달인, 청소의 달인, 요리의 달인이 되어갑니다. 결국 주인은 노예의 노예가 되고, 노예는 주인의 주인이 되어갑니다. 이것이 바로 헤겔의 '주인과 노예의 변증법'입니다. 노동을 통해 직접 대상을 변화시키고 활용할 줄 아는 능력을 갖는 것이 진정 자기 삶에서 주인 되는 길이란 거죠. 주인과 노예 사이의 지배-복종 관계가 역전되면서 노예가 노동을 통해

주체가 되고 해방되는 혁명적 과정이 일어난다는 것을 이야기하고 있습니다. 노동이 나의 삶을 해방시킨다는 말, 내게는 어떻게 다가오나요?

자본주의 사회에서 '주인'은 인간이고 화폐가 '노예'인지도 모릅니다. 인간을 대신해 하는 일이 많아진 '화폐'가 어느 순간 인간의 주인이 되고, 인간은 화폐의 노예가 되고 맙니다. 인간으로서 스스로 할 줄 아는 일을 늘려가는 건 단지 돈을 아끼기 위해서가 아닙니다. 가사노동을 허드렛일 취급하며 돈으로 해결하려 하기보다, '생존의 기본 기술'로 이해하고 스스로 해나간다면, 스스로 삶의 주체가 될뿐더러 괜한 고정비용 역시 줄일 수 있습니다. 아울러 가족과 지역공동체에서 자연스럽게 가사노동을 분담하여 서로 더불어 기여하는 구조를 설계한다면, 삶의 기본비용을 낮추면서도 공동체의 관계를 돈독히 할 수 있는 대안이 나올 수 있지 않을까요.

인간 구실을 요구하는 경조사 비용

—

같이 일하면서 친해지는 것은 삶의 통과의례와도 같은 관혼상제 때 더욱 빛을 발하기도 합니다. 집안 대소사에 십시일반 돈을 모아 주거니 받거니 상호부조하는 것은 분명 대한민국의 미풍양속입니다. 느닷없이 힘든 일을 당해본 사람이면 더불어 사는 사회의 이러한 은덕 넘치는 시스템에 대해 당연히 감사해할 것입니다. 경사보다 조사 쪽을 더 신경써서 챙긴다는 원칙을 가진 많은 선량한 사람들은 돈을 보내는 것 이상으로 손과 발을 보태 품앗이처럼 서로를 물심양면 도왔지요. 그런데 요즘 우스갯소리로 '신용카드 명세서보다 더 무서운 청첩장'이라는 말이 떠돌 정도로 경조사는 가정 살림의 적잖은 부담요소가 되고 있습니다.

때 되면 결혼, 그 후 돌잔치, 양가 부모님 칠순과 장례 등이 줄줄이 계속 이어지기 시작하죠. 차라리 경조사비를 서로 안 주고 안 받는 게 낫지 않을까 싶다는 사람들도 많습니다. 어느 정도 나이가 들면 경조사란 마치 그 동안 대인관계 잘하고 살았는지에 대한 인생의 중간평가처럼 여겨지기도 하는데요, 경조사가 있을 때 많은 사람들로 북적이며 문전성시를 이루는 것은 황혼에 접어든 사람들 대부분이 바라는 흐뭇한 풍경일 것입니다. 10만 원이 훌쩍 넘는 화환들이 줄줄이 서서 유명한 사람들의 축하 인사 리본을 펄럭여줘야 비로소 그럴듯한 풍경이 됩니다. 그러나 사회적 지위나 권력 등을 보여주고자 하는 경조사는 결국 서로의 가정 경제를 위협하는 비용을 높여, 더 이상 미풍양속의 계승이라기보다 부담이 되고 있습니다. 아예 참석하지 않고 돈만 보내는 것이 미덕이 되는 경조사란 게 대체 무슨 의미일까요.

L씨와 친구들은 비슷한 나이에 결혼하고 비슷한 시기에 자녀를 출산하여 서로 육아 정보도 나누면서 간간이 모임도 갖고 친밀하게 지냅니다. 피차 고만고만한 살림 형편인데 괜히 돌잔치 축의금 때문에 고민

하지 말고 그때그때 3만 원씩 걷어서 돌반지를 해주자고 합의를 보았습니다. 불과 한 달 전 L씨는 씨푸드 뷔페에서 돌잔치를 했고 친구들이 다 같이 돈 모아 돌반지를 해주었습니다. 문제는 한 친구가 돌잔치를 시내 유명 호텔에서 한다고 연락이 온 데서 비롯되었습니다.

"호텔에서 돌잔치를 하면, 최소 1인당 5만 원 이상의 식비가 들어갈 텐데 모임 원칙대로 3만 원씩 모아서 돌반지만 해주기가 좀 그렇죠. 그렇다고 누군 3만 원씩만 모아서 돌반지 해주고, 누구는 호텔에서 한다는 이유로 5만 원씩 모아주면 형평성에 어긋나는 일이잖아요."

결국 원칙대로 3만 원씩 모아 돌반지 해주고, 돌잔치에 참석은 안 하는 걸로 결론을 보았다고 합니다. 다 함께 참석하여 축하해주고 싶어도 참석하게 되면 비용 부담만 더 안기게 되는 셈이니까요. 참 이상한 상황입니다. 돌잔치라는 게 내 밥 값을 내고 밥 먹으러 가는 일은 아닐 텐데요.

"아직 결혼 전인 제 동생은 이런 복잡한 문제가 싫다고 경조사비는 무조건 3만 원으로 결정했다고 하더라고요. 그리고 아예 안 간대요. 돈만 내고 안 가서 비용을 줄여주기로 한 거죠. 좀 곤란한 상황도 많지 않으냐고 물었더니, 어차피 경조사비라는 게 자기가 낸 만큼 받겠다는 의미기도 하니까, 3만 원만 내면 피차 부담도 적고 좋은 것 아니냐고 되물어요."

C씨는 잇따른 사업 실패로 자활센터에서 조건부 수급 지원을 받고 계십니다. 어느 날 가장 친한 친구의 딸 결혼식 청첩장을 받았는데, 꼭

가서 축하해주고 싶어도 축의금을 낼 돈이 없는 형편이라 고민이 되셨다고 합니다. 워낙 어려서부터 봐온 딸 같은 아이인데 돈 없다고 안 갈 수도 없고, 축의금 없이 가기도 그렇고 혼자 계속 고민하다가 편지를 써서 봉투에 넣어 축의금 대신 내셨다고 합니다. 너무 축하하는데 현재 어려운 살림이라 돈을 보태지 못해 너무 미안하다고, 그렇지만 진심으로 결혼식에 가서 축하해주고 싶었다고 쓰셨답니다. 친구의 딸은 신혼여행지에서 직접 전화를 걸어서 울먹이며 와주셔서 너무 감사하다는 인사를 전했다고 합니다. C씨는 역시 참석해서 축하해주길 잘했다고 하십니다. "결국 내가 결정해야 하는 거예요. 남들이 뭐라고 하건 내 형편에 맞게 진심으로 축하하는 마음을 전할 수 있어야 한다고 봐요. 물론 상대방이 진심을 안 받아줄 수도 있죠. 그래도 내 진심을 전했다면 그걸로 된 겁니다."

몇 해 전 별세하신 소설가 박완서 선생님께서는 작가들이 무슨 돈이 있느냐며 절대 조의금을 받지 말라고 당부하셨다고 합니다. 누구나 돈에 구애 받지 않고 자신의 장례식에 와서 조의를 표하고 한 끼 식사를 대접 받고 돌아갈 수 있기를 바라는 그 마음의 여유와 배려가 우리 미풍양속의 진정한 실천 아닐까요. 이제 남의 시선과 체면을 의식하며 계속 경조사 문화를 문제삼기보다는, 자기 여력과 진심 어린 마음에 대한 명확한 중심을 잡고 스스로 실천하는 것이 필요할 듯합니다.

불안 그 자체가
고정비용이 되다

—

최근 들어 비정상적인 심장박동과 호흡곤란에 더해 두통과 함께 식은땀이 계속 흐르는 등 계속되는 컨디션 난조로 병원 검진을 받게 되었다는 K씨. 어디가 딱히 아픈 것은 아닌데, 이런 증세가 계속되다가 터널이나 엘리베이터처럼 폐쇄된 공간에라도 들어갈라치면 느닷없이 '이러다 누구의 도움도 받지 못하고 여기서 죽게 되는 것은 아닐까' 하는 터무니없는 공포가 순식간에 밀려들어 근육경련이 일어나는 경우도 종종 발생한다고 합니다. 그러다 보니 정상적인 사회생활이 어려워 휴직을 신청하고 꾸준한 치료를 받아야만 하는 상황에 이르렀다는데요. 이처럼 불안 장애의 대표 주자인 '공황장애'로 고통 받는 사람들이 점차 늘어나고 있습니다.

사실 요즘 대한민국의 화두는 단연 '불안'이 아닐까 싶습니다. 뉴스라도 볼라치면 금세 가슴이 심하게 답답해져옵니다. 끊이지 않는 사건사고로 인한 불안, 남북정세 불안, 노후 불안, 취업 불안, 치안 불안, 먹거리 불안…… 갈수록 만성화되고 걷잡을 수 없이 커져만 가는 '사회적 불안'은 뭔가 해결책을 찾고 싶어도 개인 차원에서는 딱히 해결책을 찾기 어려우므로 '무기력감'으로 이어지기 쉽습니다. 답답한 마음만 차곡차곡 쌓여갈 뿐, 해소되지 못한 채 일종의 신체증세가 되어 고질병이 되는 것이지요. 고질병은 역시 경제적 비용을 수반하게 마련입니다.

다들 왜 이렇게 심각하게 불안해진 걸까요? 아무래도 가장 큰 원인으로 꼽는 것이 경제적 불안정이 아닐까 싶습니다. 저금리 저성장 추세에 일단 고용 시장 자체가 불안한 형국입니다. 웬만한 일자리들은 비정규직이 되어 파편화되고, 자영업 유지율도 형편없지요. 상황이 이렇다 보니 소득은 계속 불안정해지고 그에 따라 근본적으로 생존이 불안해지는 거죠. 설사 있는 돈 은행에 맡겨놓아봐야 저금리 시대에 이자소득도 기대하기 어렵고, 임대소득 좀 얻기 위해서는 소소한 다툼과 부단한 법적 분쟁이 기다리고 있습니다. 뭐 대단한 성공을 하자는 것도 아니고, 그저 안정적으로 생계유지하고 살자는데 그것이 어렵기만 한 세상이죠.

생계유지가 어려워지면 사람들은 여유를 잃고 사회는 각박해지고, 이것이 또다시 치안 불안의 요소가 됩니다. 남의 것을 빼앗아야만 먹고 살 수 있는 상황에서 비롯된 생계형 범죄, 감정적 분노를 다스리지 못해 폭발하는 묻지 마 범죄 등과 같은 치안 불안에는 역시 사회적 비용이 따라옵니다. 안전을 지키는 보안서비스 비용 역시 만만치 않은 불안 비용이니까요. 감시용 CCTV나 무인 전자경비시스템, 눈부신 범죄 검거율을 돕는 블랙박스 등은 삶에 꽤 고액의 추가비용이 들도록 합니다. 아이들은 안전을 위해서라도 스마트폰과 같은 모바일 기기를 목에 걸고 있어야 하는 시대입니다. 이 또한 추가비용이죠.

'길어야 40년? 유병장수시대'라는 말로 노후 불안을 부추겨 공적 연금 이외에도 실버보험이나 개인연금을 준비할 것을 암암리에 종용합니다. 건강에 대한 불안 때문에 국민건강보험 이외에도 개인적으로 이런저런 보험에 가입해야 안심하고 아플 수 있습니다. 최근 각종 자기계발, 코칭, 힐링 서적 혹은 교육이 붐을 일으키고 있는 것도 뭔가 불안을 해소할 대안을 찾는 사람이 그만큼 많다는 것을 반증하고 있는 셈입니다.

심적 안정의 기본 터전이었던 가족이 계속 분화되고 파편화되는 것 또한 불안을 키우는 중요한 요소가 아닐까 싶습니다. 대가족이 해체되어 핵가족으로 분화되고, 이마저 1~2인 단위의 '나노가족'으로 쪼개지고 있습니다. 지긋지긋한 가족과 어울려 살아봐야 싸울 일밖에 더 생기겠느냐고 생각할 수도 있겠지만, 이건 사실 태평성대 호시절 얘기고요. 가족 중 누구 하나라도 아프거나 사고를 당하는 일이 생기면, 아니 혹여 자신에게 그런 일이 닥치게 되면 가족이 파편화될수록 좌절과 절망의 상황으로 매몰차게 내던져질 확률이 높아지게 됩니다. '사회적 인간'인 우리에게 혈연으로 엮인 가족은 서로에게 '일차적 안전망'이 되어줍니다. 안전망의 유지 관리에는 노력과 비용이 발생하게 마련이지요.

살아가는 동안 불가피하면서도 당연한 '불안'을 극도로 부추겨서 돈벌이로 둔갑시키는 사회적 분위기가 오히려 문제가 아닐까 합니다. 각종 불안 해소 서비스를 만들어 팔기 위해 거꾸로 불안을 과대포장해서 걷잡을 수 없이 확대 재생산하고 있는 것입니다. 우울도 병이 되고, 짜증과 분노도 병이 됩니다. 그런데 만약 우리가 매일 너무 행복해서

히죽히죽 웃고 산다면 그 또한 심히 건강해 보이지는 않을 겁니다. 행복이나 기쁨처럼 짜증도 분노도 우울도 다양한 우리의 감정입니다. 정도의 차이에 따라 병이 될 수도 있긴 하지만, 다양한 감정들을 '좋은 감정'과 '나쁜 감정'으로 구분 짓고 '나쁜 감정'이 생기면 서둘러 '치유'할 것을 권고 받습니다.

혹시 괜히 불안해서 나도 모르게 지출하고 있는 비용은 없나요? 내 여리여리한 감정에 돈으로 '깁스'를 하고 있지는 않은지 살펴봐야 합니다. 살다 보면 어떤 문제건 발생하게 마련이고, 힘들더라도 내 힘으로 이를 직면하고 스스로 해결해나가지 않으면 안 되는 줄은 잘 아는데요, 너무 힘드니까 우린 본능적으로 뭔가 의지할 만한 다른 방법을 찾게 됩니다. 실연을 해서 너무너무 아프더라도 실연의 전후좌우 과정을 직면하고 돌이켜보는 것은 이후에 이어질 인연들과 비슷한 시행착오를 겪지 않도록 도와주는 훌륭한 삶의 교훈이 되어줄 겁니다. 그러나 잊기위해 허구한 날 술로 보낸다든지, 이것저것 미친 듯이 쇼핑한다든지, 여기저기 마구 여행을 다닌다든지 하는 것은 본질적 문제를 해결하기보다 순간이나마 자신의 고통을 잊으려는 일시적 회피 행위일 뿐입니다. 뭐, 나쁜 것은 아니죠. 다리 다쳤을 때 깁스를 하듯 뭔가 다른 지지대가 필요한 상황인 겁니다. 그런데 일정 정도 시간이 지나고 다친 다리가 어느 정도 다 나아간다면 깁스는 풀어야 하죠. 계속 깁스를 하고 있는 게 편하다고 풀지 않으면 다리는 어떻게 되겠습니까.

때로는 너무 애쓰기보다 그저 하나하나 해야 할 바를 행하면서 자연스레 시간을 보내다 보면 어느 순간 해결되어버리는 경우도 많잖아요. 어차피 떼어낼 수 없는 '불안'이라면 돈 들여 '불안'을 잠깐 도려내는 듯한 착각을 주는 편리한 처방보다, 긴 인생길 차라리 친구 맺고 함께 살아갈 수 있는 방법을 도모하는 것이 나을 것입니다.

그렇습니다. 인생길을 달리다보면 가속도가 붙게 마련이고, 어느 정도의 속도감에 익숙해지면 오히려 속도가 늦춰지는 것을 불편하게 느끼게 됩니다. '불안'은 너무 빨리 서둘러 내달리는 나에게 찬찬히 돌이켜 자신을 돌아볼 수 있도록 도와주는 '삶의 비상경고등' 같은 것이 아닐까요. 당신의 자동차에서 비상경고등이 깜빡인다면 달리는 차를 잠시 길가에 세워두고 찬찬히 자동차를 점검해보라는 신호입니다. 설마 깜빡이는 비상경고등 때문에 귀찮거나 불안해진다고 아예 경고등 회로 자체를 절단해버리는 우를 범하지는 않겠지요? 불안은 나의 안전에 대한 '알람 서비스'라는 본연의 목적과 기능을 가지고 있습니다. 이런 신호를 놓치지 않는 감각을 유지하고 살아야만 큰 비용 없이 최적의 상태를 유지하며 살아갈 수 있게 됩니다.

추워도 돈 들고
더워도 돈 들고
—

겨울이 되면 춥게 마련인데도 마치 연례행사처럼 해마다 '몇십 년

만의 한파'라며 호들갑을 떨게 됩니다. 몇 해 전 매서운 한파가 몰아쳤을 때 A씨는 부랴부랴 방한 전쟁을 치르느라 괜한 지출을 했던 아픈 기억이 있습니다. 느닷없이 너무 추워지자 생각할 겨를도 없이 예산에도 없던 온풍기를 덥석 구매하게 된 것이죠. 온풍기를 사용하니 실내가 너무 건조해진다는 새로운 문제가 생겼습니다. 추운데 자주 환기를 하자니 에너지 낭비 같다는 생각도 들고, 빨래 널어두는 것도 하루 이틀이고, 건조하니 아이들 감기도 더 심해지는 것 같고 해서 가습기도 한 대 사게 되었습니다. 가습기를 켜두니 결로 현상이 심해졌습니다. 결로가 심해지면 자칫 실내 곰팡이가 창궐할 우려가 있으니, 자주 환기를 시켜 줘야 한다는 말에 A씨는 기운이 빠졌습니다.

분명 온풍기 살 때 '추가 전기료 월 오천원으로 포근한 겨울'이라는 문구를 보았는데, 전기요금은 3만 원 이상 추가로 청구되었습니다. 전기요금이 누진제라는 것을 모르는 바 아니었으나 생각보다 너무 많이 올라 당황스러웠습니다. 가뜩이나 전체 난방비도 높아져서 부담이 큰 상황이라, 전기도 아낄 겸 온풍기는 웬만하면 틀지 않기로 했답니다. 가습기도 생각보다 자주 청소해줘야 하는 등 관리가 번거로워서 가급적 사용하지 않기로 했고요. 이들은 곧 애물단지가 되어 창고방 한 구석을 차지하고서 집을 비좁게 하는 데 일조하게 되었습니다.

경기침체가 장기화되는 가운데도 전열기기 시장은 2010년부터 매년 10% 이상의 높은 성장률을 기록하고 있다고 합니다. 이미 여름철 전유물이었던 피크전력사용량 기록을 갈아치우기 시작해, 매년 겨울마다 400만kw씩 늘어나고 있는 추세라네요. 예전보다 요즘 특별히 더 추워지고 있는 건 아닐 테고. 아마 각종 편리한 소형 가전제품들이 속속 등장해줘서 우리의 추위를 포근하게 감싸주기 때문인가봅니다. 너무 추워서 따뜻하게 살고자 하는 노력이야 뭐라 할 수 없겠지만, 이렇듯 에너지 집약적인 가전제품 사용을 계속 늘려가다 한겨울에 전력대란이라도 발생한다면 생각만 해도 아찔한데요.

"창문 유리에 뽁뽁이를 붙이고, 외벽 창틀에 문풍지를 붙였더니 냉기가 제법 줄어들더라고요. 가족 모두 기모 소재의 실내복을 사서 입고, 보리차를 자주 끓여 마셔요. 침대 생활을 하다 보니 어쩔 수 없이 늘 전기장판을 써야 했는데, 전기장판 치우고 그냥 보일러 켜놓은 바닥에 이불 펴고 가족 다 같이 자니까 생각보다 따뜻하고 좋더라고요."

수면시 체온이 평상시보다 낮아지는데, 이를 유지하는 것이 건강에 좋다는 정보를 듣고 전기장판부터 치워버렸다는 A씨. 너무 뜨끈하게 자는 것이 오히려 체온조절 능력을 떨어뜨려 감기나 각종 순환장애를 일으킬 우려가 높다는 말에 괜한 자괴감도 밀려옵니다. 캠핑 가서 침낭만 있으면 자기 체온만으로도 따뜻하게 잠을 잘 수 있다는 것을 체험하게 된 후 자신이 '추위'에 약한 체질이라는 굳건한 '믿음'부터 없애기로 했습니다. 건강에 좋은 것은 늘 그렇듯 오히려 비용이 적게 들었습니다.

후텁지근한 여름 더위도 마찬가지입니다. 실내를 상쾌하고 시원하게 하는 에어컨은 실외를 더 뜨겁게 만들잖아요. 에어컨에 제습 기능이 기본으로 들어 있는데도 에어컨 따로 제습기 따로 이용하는 분들이 정말 많이 늘었죠. 계절 바뀔 때마다 청소해줘야 하는 가전제품들은 부지기수로 늘어만 가니 번잡한 가사일 역시 계속 추가되고요.

　돈은 실로 많은 것들을 가능하게 해줍니다. 더운 여름날도 시원하게, 추운 겨울날도 따스하게 해주니까요. 그런데 덥게 마련인 여름은 어느 정도 덥게, 춥게 마련인 겨울은 어느 정도 춥게 지내는 것이 자연의 순리에 맞는 삶 아닐까요. 당장의 불편을 핑계로 과도한 '편리'와 '안락'을 추구하는 것은 삶의 비용을 높일 뿐만 아니라 건강에도 좋지 않은 일입니다. '안락'에 적응되면 그 비용도 고정비용화 되어 삶의 문턱을 높일 뿐만 아니라, 겨울에 춥게 마련인 '순리'가 불편한 것이 되어 갈수록 추위에 취약해지는 육체적 퇴행(?)까지 겪게 됩니다. 퇴행에는 또다시 보양의 비용이 들게 마련인 이 요사스런 악순환 고리에서 벗어나려면 어떻게 해야 할까요. 자기에게 공짜로 주어진 면역력을 믿고 최대한 활용하고 강화시키면 큰 비용 들이지 않고 큰 불편 없이 살 수 있게 되지 않을까요. 그럼에도 요즘엔 일단 돈으로 먼저 해결하려고 드는 추세인 것 같습니다. 추위와 더위 같은 자연현상마저 비용이 발생하는 외적 요인이 되어가고 있습니다.

사교육비가 아니라
의무 보육비

–

L씨 부부는 작은 식당을 운영하다가 일이 잘 안 되어 큰 빚을 얻게 되었습니다. 현재 신용회복 중인 남편에게 항상 적자를 면치 못하는 살림에 대해 우는 소리만 할 수 없어 작년부터 L씨도 식당에 나가 일을 하고 있습니다. 공사현장에서 기술자로 일하는 남편의 소득은 일정치 않지만 대략 평균을 내보니 220만 원 정도. 대출금 상환에 집 월세 내고, 시어머니 간병비까지 나가고 나면 4인 가족 생활비가 턱없이 부족하여 맞벌이를 안 할 수 없는 상황이었습니다.

L씨가 일을 마치고 집에 돌아오면 밤 9~10시 정도가 됩니다. 아침에 좀 늦게 나가도 되는 L씨가 애들 아침 챙겨 학교 보내고, 상대적으로 일찍 퇴근하는 남편이 학교에서 돌아오는 아이들 저녁도 차려 먹이고 숙제도 봐주기로 합의했습니다. 그런데 피곤한 몸을 이끌고 집에 돌아와 보면 늘 집안은 엉망이고 애들이랑 남편은 저녁도 안 먹고 TV만 보고 있는 경우가 다반사였습니다.

"언젠가는 학원에서 우리 아들이 오지 않았다고 하는 거예요. 분명히 학교 끝나고 학원 간다고 통화했는데…… 순간 앞이 노래져서 하던 일 다 멈추고 집으로 달려와 미친 듯이 애를 찾아 돌아다녔어요. 나중에 놀이터에서 찾았는데, 친구랑 뛰어 노느라 정신이 팔려서 학원에 못 갔다고 하더라고요. 요맘때 친구랑 어울려 노는 게 나쁜 일도 아니고 이상한 일도 아닌데 세상이 워낙 위험하다 보니 제가 좀 과민반응을 보인 건지……"

결국 L씨는 자신이 퇴근할 때까지 두 아이의 방과 후 스케줄을 짜서 운영해야만 했습니다. 큰아들은 학교 끝나고 영어학원에 갔다가, 태권도 학원에서 운동하고, 보습학원에 가서 수업 듣고 공부하고 있으면 엄마가 퇴근길에 데리고 오기로 한 것이지요. 둘째딸은 피아노 학원과 무용학원을 거쳐 오빠가 있는 보습학원으로 옵니다. 혹시 아이가 오지 않으면 꼭 전화를 달라고 학원 선생님들께 신신당부를 해두었습니다.

"이렇게 스케줄대로 학원 보내면 한 아이당 학원비만 50만 원이 들어요. 둘 합치면 돈 백 드는데, 저도 줄이고 싶죠. 그런데 어딜 어떻게 줄이면 좋을까요?"

피아노를 잘 치라고, 무용을 잘하라고, 태권도를 잘하라고 학원을 보내는 것이 아니란 얘기였습니다. 그저 아이들이 학교 끝난 후 뭐든 하면서 시간을 보내야 하기 때문에 노느니 배우라고 보내는 학원이었습니다. 돈 아끼겠다고 중간 스케줄을 빼게 되면 아이들은 말 그대로 방치되어버립니다. 같이 놀 만한 또래 아이들도 없고, 애들끼리 소수로 방치되면 너무 위험하니까요. 그나마 보습학원에서 진도에 맞춰 애들 공부와 숙제를 챙겨줘서 L씨는 마음이 한결 놓인다고 합니다.

"제가 일을 안 나가고 집에 있다고 해도 솔직히 애들 공부나 숙제를 잘 챙겨줄 자신이 없어요. 엄마가 모든 걸 다 잘할 수는 없잖아요. 제가 돈을 벌어야 그런 전문적인 곳에 보내서 다른 애들보다 뒤떨어지지 않게 뒷받침이라도 해줄 수 있는 거죠."

선행학습에 미친 엄마들이 조장하는 망국적 사교육비 경쟁이란 말은 현실에선 소수의 특정 사람들 얘기인 듯했습니다. 아이들 교육비에 매달 오백만 원이 들어가네, 천만 원이 들어가네 떠들어대는 것은 흥미성 가십 기사일 뿐, 그저 평범한 서민으로서 고민스러운 것은 안 들일 수 없는 '보육비'로서의 사교육비였습니다. 각종 위험과 유해 환경으로부터 아이들을 지켜내고, 점차 높아져만 가는 또래의 학습 수준에 뒤떨어지지 않도록 아이를 뒷받침하기 위해 숨이 턱에 받치도록 뛰고 있는 부모들의 눈물이 '과도한 사교육비'의 실상이었습니다.

각 가정에서 자녀 양육 및 교육을 책임지고 있긴 하지만, 교육만큼 공공성이 꼭 필요한 분야도 없을 것입니다. 교육은 사회적으로는 구성원의 재생산에 관련된 일이기도 하기 때문이죠. 공공의 재원도 투입되고 개인 가정의 재원도 투입되어 지속적 지원이 이루어져야 비로소 아이가 근 30여 년의 교육 과정을 거쳐 사회의 어엿한 구성원으로 성장하게 됩니다. 공공의 지원이 허술해지거나 어린이들의 안전이 위협 받는 위험사회가 되면 이는 고스란히 가정의 경제적 비용으로 환원됩니다. 좋은 교육에 비용을 들이기도 전에 이미 기본적인 보육과 양육 비용이 계속 높아지고 있습니다.

게다가 문명의 발달에 맞춰 학습해야만 하는 기본 소양의 수준 역시 계속 높아지는 추세죠. 초등학교에 들어가서야 'ㄱ ㄴ ㄷ'을 배우고 '구구단'을 배우는 것은 이제 상상할 수 없는 교육적 지체이자 방기입니다. 컴퓨터, 외국어는 물론 다양한 예술적 기량까지 아이들은 더 많은 것들을 학습하고 배우도록 요구 받습니다. 제아무리 부모로서 나의 교육철학이 그런 과도한 학습에 큰 의미를 두지 않는다고 해도, 남들이 다 그렇게 하는데 내 아이만 그리하지 않을 수 없다는 딜레마에 놓이게 됩니다. 그것이 옳든 그르든 간에 동시대의 '또래 문화'는 내 아이에게 삶의 기준점이 될 수도 있기 때문입니다. 이 모든 것이 구태여 누구 잘 못이라 탓하기 어려운 이 사회 속에 더불어 살면서 저절로 발생하는 고정비용이며, 부모라고 해서 스스로 결정하기 어려운 이 시대의 교육비인 것입니다.

갈수록 전세가 위험해지고 있다

–

집값이야말로 대표적인 사회적 비용 아니겠습니까. 그냥 나와 우리 가족 살 집 한 칸 적당한 비용 들여 살겠다고 단순하게 생각하고 결정 짓기 어렵습니다. 집 그 자체뿐만 아니라 교육 여건이나 생활편의시설 같은 주변 환경도 봐야 하고, 살다가 나중에 팔 때 값이 올라줄 수 있는지도 따져봐야 하고, 출퇴근에 편리한 교통 입지도 체크해봐야 합니다. 한마디로 집은 생활경제의 종합예술이라 해도 과언이 아닐 정도지요.

'집은 사는 것이 아니라 사는 곳'이라지만, 지금까지 집과 부동산은

'자산 가치'가 가장 우선적인 선택 기준이 되어왔죠. 꾸준히 집값이 올라주던 시기에는 대출 받아 우선 구매하는 것이 전세보다 유리한 결과로 이어지는 경우가 많았습니다. 비록 대출이자가 꼬박꼬박 나가더라도 되팔 때 집값이 올라서 시세차익을 보게 되면 적어도 손해 나지는 않으니 저축하는 셈치고 대출을 갚아나갈 수 있었던 거죠.

그러나 지금은 상황이 아주 많이 달라졌습니다. 과연 집값이 대출이자를 상쇄하고도 남을 만큼 올라줄까요? 이미 '수요와 공급'으로만 단순하게 따져봐도 그리 큰 승산이 없다는 것이 상식이 되었습니다. 같은 평수의 땅에 단독주택보다는 아파트나 오피스텔 같은 공동주택이 들어서고 있으니 공급은 꾸준히 늘고, 인구수 자체가 많이 줄어들어 수요자는 줄어들고 있는 추세니까요. 따라서 당장의 소유보다는 전세를 선호하여 현재 전세보증금은 집값에 육박할 정도로 치솟고, 그럼에도 전셋집 구하기가 하늘의 별따기가 되었습니다.

오로지 우리나라에만 있다는 이 귀하디귀한 전세가 갈수록 위험해지고 있다는 게 문제입니다. 집값이 두 배 세 배 오르던 시절에야 이자 나가는 대출보다 전세 끼고 집을 사서 되팔면 이익이기 때문에 전세제도 유지가 가능했습니다. 그러나 지금처럼 집값이 오르기는커녕 오히려 떨어지게 되면, 집주인 입장에서는 대출 갚고 전세보증금 내주고 나면 손에 남는 게 없는 '깡통주택'의 피맛을 보게 될 가능성이 큽니다. 전세자금이 집값의 2/3 이상을 육박하는 상황이 되면, 전세 세입자의 보증금이 집주인이 가진 돈보다 훨씬 커지게 되고, 다음 세입자가 원활하게 공급(?)되지 않으면 집주인은 전세보증금을 내줄 만한 돈을 갖고 있지 못할 가능성이 커집니다.

셈이 빠른 집주인이라면 집값 하락에 따른 손실을 미리미리 보전하고자 '전세'를 '월세'로 전환해두려 할 것입니다. 생각보다 전세에서 월세로의 전환이 쉽지 않은데, 전세보증금과 월세보증금의 차액만큼을 돈으로 내줄 수 있어야만 전환이 가능하기 때문입니다. 제아무리 집주인이라도 그만한 목돈을 쥐고 있을 리가 만무하니 계속 전세제도는 유지되지 않을까요? 그러나 지금 시대는 역시 가진 자를 돕습니다. 천만다행으로 저금리 시기라 이 차액을 은행대출로 메우고 월세와 대출이자의 차액만큼으로 원금을 갚아나가는 방법이 동원되고 있으니 월세전환은 순풍에 돛 단 듯 빠르게 진행되고 있습니다.

만약 집주인 형편에 문제가 생겨 집을 경매로 내놓게 될 경우, 현행법상 전세보증금은 전액 보호가 안 됩니다. 소액임차인을 보호하기 위해 '소액보증금 우선변제제도'라는 것이 있긴 합니다. 전세보증금 기준으로 지방은 4천만 원, 서울은 7천5백만 원에 한해 보증금 일부를 일반 채권에 우선하여 변제해주는 제도로 1천4백~2천5백만 원까지 우선 변제를 받게 됩니다. 지금 장난합니까. 7천5백만 원 전세보증금에서 최대 2천5백만 원까지만이라뇨. 이런 전세가 대체 어딨습니까. 현재 대상 전세보증금액을 9천만~1억 원까지 상향조정하고 소액변제금도 3천4백만 원까지 인상하는 안을 준비하고 있다고 합니다만, 전세보증금 보호를 위해서는 여전히 택도 없는 금액입니다. 변제금으로 보호 받지 못하는 그 이상의 보증금은 문제가 생기면 날리게 될 수도 있다는 섬뜩한 얘기입니다.

전세제도라는 것, 값비싼 월세비용 없이 살 수 있는 이점의 이면에는 꽤 큰 목돈을 아무런 보호 장치도 없이 집주인에게 맡기는 것이라는 위험천만하고도 불편한 진실이 숨어 있습니다. 물론 전세 기간 동안 그 집에서 큰 비용 없이 살긴 하지만, 그렇다고 그 집에 대한 그 어떤 소유권이 생기는 것도 아니니 보증금 반환에 문제가 생기면 골치 아파집니다. 정책적으로 '전세금 반환 보증제도' 같은 제도적 피해구제책이 만들어지고 있다고는 하나 대세적으로 보자면 결국 집값이 더 이상 폭등하지 않는 한 '무이자 사적 대출 레버리지'의 일환인 전세제도는 사라질 것입니다. 조용히 사라진다면야 뭐가 문제겠습니까만, 법적보호 장치를 넘어서는 전세자금을 혹여 돌려받지 못하는 불상사가 발생할까봐 우려하는 것입니다.

집을 구할 땐 경제적 손익보다
삶의 안정을 고려하라

—

그렇다면 집을 사야 할까요? 사기엔 너무 비싸니 어쩔 수 없이 대출을 받아 이자비용을 안고 살아야 한다는 게 문제겠죠. 설사 구매한 집값이 올랐다 한들 과연 돈을 번 것일까요? 만약 자기 돈 1억 원에 대출 1억 보태서 2억 원에 산 집이 3억 원으로 올랐다고 칩시다. 대출이 자 빼고 대충 1억 원이나 돈을 번 건가요? 아니죠. 집값이 제아무리 올랐다 한들 실제로 내 통장에 돈이 들어와야 돈을 번 거죠. 그렇다면 3억 원에 집을 팔았다고 칩시다. 그럼 이제 확실히 돈을 번 거네요. 맞습니다. 대출 받은 1억 원 상환하고 내 통장에 2억 원 정도 찍혔으니까요. 그런데 나는 2억 원 들어 있는 통장과 더불어 길가에 나와 있습니다. 이제 다시 살 집을 다시 구해야 하는 상황인 거죠. 그런데 우리 집만 올랐을까요? 이변이 없는 한 내가 살던 집 값 오른 만큼 다른 집들도 올랐을 겁니다.

이때 우리는 선택의 기로에 서게 됩니다. 대출 받지 않고 내 돈 2억 원을 들여 집을 사려면 예전에 살던 집보다 작고 상태가 좋지 않은 집을 사야 하겠지요. 아주 단순화해서 생각해보면 내가 살던 집이 2억 원에서 3억 원으로 올랐으니, 현재 2억 원인 집은 아마도 예전에 1억 원 정도 하던 집일 테니까요. 그냥 예전에 살던 수준의 집에서 살고자 한다면 다시 1억 원 대출을 받아서 3억 원짜리 집을 구해야 합니다. 이렇게 한다면 결과적으로 돈을 벌기는커녕 결국 이사비용만 들인 셈이군요.

집으로 돈을 벌었다는 건, 집을 팔고 돈을 남긴다는 뜻일 겁니다. 이처럼 돈을 남기려면 이전 살던 집보다 낮은 수준의 집을 사야 하겠지요. 돈도 남기고 이전 살던 수준만큼 혹은 그 이상의 집에서 살고 싶다면 전세나 월세로 살아야 하는 상황입니다. 집 구하러 다녀보신 분들은 잘 아시죠? 통장에 돈이 있는데도 그걸 남기려고 예전보다 더 좋지 않은 상태의 집을 구하나요? 있는 돈을 다 보태고 심지어 대출까지 받아서 예전보다 더 나은 조건과 환경의 집을 구하게 되지 않나요? 집값이 4억 원으로 오르고, 5억 원으로 오른다 한들 결과는 매번 크게 다르지 않을 겁니다. 살아 있는 한 계속 집은 있어야 할 테니까, 우리 집값만 오르는 게 아닌 이상 집으로 번 돈은 또 다시 집값으로 들어가도록 시스템화 되어 있는 겁니다.

게다가 분명 집값이 올라서 돈을 번 것 같긴 한데, 계속 살던 수준의 집을 유지하고 살려면 항상 나는 1억 원만큼의 대출을 안고 살아야 합니다. 정확히 말하면 1억 원 대출에 대한 이자비용, 월평균 50~60만 원가량을 평생 고정지출로 안고 산다는 의미입니다. 50만 원씩 1년을 저축하면 6백만 원, 10년이면 6천만 원이라는 돈입니다. 세상에서 가장 아까운 비용, 그러나 어쩔 수 없는 고정비용인 이자비용이 몇천만 원씩 발생되는 삶이 불가피하다면, 일상생활에 사용할 소중한 현금 여력이 부족해지는 것은 당연한 거죠.

특히 자녀가 있는 분들은 집이 교육과 매우 밀접하게 연결되어 있다는 사실을 실감하실 겁니다. 교육 여건 좋은 곳이 집값도 비싸게 마련이니까요. 대한민국만 유독 부동산 비용과 교육비의 밀착 관계가 유별나다고요? 미국 중산층의 경제적 위기를 다룬 『맞벌이의 함정』(엘리자베스 워런 외, 필맥 펴냄) 이라는 책을 보면 꼭 그런 것 같지는 않습니다. 책 속에 인용된 통계자료들을 보면 미국 역시 좋은 학군이 형성된 동네와 상대적으로 그렇지 않은 동네의 집값 차이가 극명합니다. 미국 중산층 부모들 역시 자녀를 좋은 학군에 들여보내기 위해서는 좋은 동네에서 살며 비싼 집값과 생활비를 감당해야 하기 때문에 부부의 피 튀기는 맞벌이 전쟁이 불가피합니다. 아무리 열심히 벌어도 지나치게 높은 삶의 비용과 불어나는 부채로 허덕이며 고통 받는 미국의 중산층 부모는 혹여 어느 한쪽이 직장을 잃으면 곧바로 삶을 유지하지 못하고 동네 밖으로 쫓겨나거나 파산에 이르게 됩니다. 왜 이렇게까지 치열하게 돈을 벌어서 자녀들을 소위 좋은 학군에 들여보내야만 하는 걸까요?

미국에서 상대적으로 좋지 못한 학군에 자녀를 보낸다는 것은 단순히 교육적 환경이 떨어진다기보다 '총기난사'의 위험이 존재하는 곳에 자녀를 보내는 것과 같은 의미라고 합니다. 미국의 교육열은 어쩌면 교육열이라기보다 차라리 안전에 대한 기본 욕구에 가깝습니다. 자녀의 안전을 위해 몸이 부서져라 벌어대야만 하는 미국 중산층 부모의 모습이 설마 대한민국 중산층 부모의 미래는 아니겠지요. 공교육 전반의 안정적 설계가 집값 안정화를 위해서도 중요한 이유를 다시 한 번 깨닫게 됩니다.

그렇습니다. 주거는 단순히 '사는 집'만의 문제가 아닙니다. 나와 우리 가족의 삶 그 자체가 묻어나는 복잡하고 다양한 생태계의 근원인 것입니다. 살던 곳에서 2~3년마다 이사를 다녀야 한다는 것은 이런 공간과 이어져 있는 탯줄을 자주 끊어야 하는 것과 같기 때문에 삶이 몹시 힘들고 고단해지죠. 이처럼 집에는 교육, 계층, 관계, 안전, 편의, 문화 그리고 욕망이 얽히고 설켜 있습니다. 단순히 집으로 이익을 설계하기엔 너무도 많은 중요한 것들을 놓치게 됩니다. 결국 주거를 안정시키기 위해서는 내 경제적 여력이 허락하는 한도에서 최적의 생활 조건을 고려하여 적정 주거비용 개념으로 접근해야 합니다.

너무 비싼 카트,
자동차
–

결혼 5년차 주부 Y씨는 주위의 만류에도 불구하고 얼마 전 과감히 타던 차를 팔았습니다. 주변에선 아이 둘 때문에라도 한창 차가 필요한 시기에 가지고 있던 차를 판다는 것은 도무지 납득하기 어렵다는 반응을 보였습니다.

"최근 차를 유지하는 데 한 달 평균 50만 원 가까이 들어간다는 사실을 발견하게 되어 깜짝 놀랐어요. 저는 주유비만 생각하고 한 달 평균 많아야 20만 원 정도 든다고 생각하고 있었거든요. 각종 보험료에 세금, 때때로 발생하는 수리비와 세차비, 주차비와 톨비 등등 연간비용으로 따지니까 1년에 6백만 원 정도 드는 꼴이더라고요. 남편은 주로 대중교통으로 출퇴근하고, 주말 마트 갈 때나 애들 데리고 어디 놀러 갈 때만 차를 써요. 그리고 어쩌다 한번 지방에 계신 양가 부모님들 뵈러 갈 때 쓰는 정도니까 정말 적게 쓰거든요. 그나마 저희는 아버님께서 쓰시던 차 물려 받은 거라 차량 할부금이 안 들기에 망정이지 신차

할부라도 했더라면 한 달에 돈 백만 원은 우습게 깨지겠더라고요."

  그렇다고 당장 차를 없앤다는 것은 쉽지 않았습니다. 우선 남편의
반발이 예상 외로 거셌습니다. 요즘 차 없는 사람이 어디 있느냐며, 그
렇게까지 유난을 떨어야 할 정도로 우리가 돈이 부족하냐고요. 불평하
는 남편에게 한 달에 차량 유지비로 얼마 정도 드는지를 정리해서 보여
주자 역시 구체적 비용에 깜짝 놀라는 눈치였습니다. 아이 한 명당 현
재 30만 원 정도가 들어가고 있는데 차 한 대에 웬만한 아이 하나 키우
는 비용이 드는 셈이니, 또 하나의 부양가족이라 해도 과언이 아니었습
니다. 정말 이 정도 비용을 들일 만큼 차가 꼭 필요한가를 남편과 머리
를 맞대고서 곰곰이 생각해보게 되었습니다. "차도 낡아서 이제는 본격
적으로 수리비가 들어가기 시작하는 시점이라 결국 남편과 결단을 내
렸어요. 차 없이 생활해보기로요!"

  일단 차를 없애고 보니 생각보다 불편은 적었습니다. 어차피 매일
쓰던 게 아니니까 그럴 수 있겠다 싶었지만, 정작 문제는 마트에 가서
장보는 거였습니다. 차가 없으니 가족 다 같이 주말마다 놀러가듯 마트
에 가서 장보는 일이 불편해진 것입니다.

  "도저히 대중교통으로는 애들 둘 데리고 마트에 갈 수 없겠더라고
요. 하는 수 없이 남편 퇴근할 때 부탁해서 급한 것만 사오거나, 남편이
애들 돌보고 제가 잠깐 나가서 인근 시장이나 생협 매장에 가서 조금씩
들고 올 수 있을 만큼만 장을 봐요. 마트에서 한꺼번에 묶어서 파는 게
싼데, 이렇게 조금씩 낱개로 사면 더 비싼 건 아닌가 조금 걱정도 되더

라고요."

그런데 한 달 지출을 결산해보니 예상과는 달랐습니다. 차량 운행비가 줄어든 것뿐만 아니라 생활비에서만 20만 원 이상이 더 줄어든 것입니다. 한꺼번에 묶음 상품으로 사는 게 단가는 쌀지 몰라도 한꺼번에 많이 사다 보니 실제 지출규모는 컸던 것입니다. 그때그때 사다 먹으니 무겁게 많이 사오지 않게 되고, 그러다 보니 냉장고에 쟁여두었다가 먹지 않고 버려지는 음식 또한 눈에 띄게 줄어든 거였습니다.

"차를 주로 주말 마트용으로 사용했는데 지금 생각해보니까 너무 비싼 카트였던 셈이에요. 게다가 차가 있을 때는 인근 아파트 사는 친구랑 같이 마트 갈 때도 제가 태워가고 데려다주고 할 때가 많았거든요. 크게 불만은 아니었지만, 너무 당연하게 받아들이는 친구가 좀 섭섭했어요. 그렇다고 뭐 차비를 받을 것도 아니고요. 그런데 이젠 어쩌다 모임 갈 때도 같이 택시비 내고 가서 저만 일방적으로 손해 보는 느낌도 안 들고 좋아요."

아직 아파트 대출금 갚느라 저축이 어려운지라 이래저래 가계부 쓰며 알뜰히 살아보려고 노력했던 Y씨였지만, 빤한 살림에서 씀씀이를 줄인다는 게 여간 어려운 일이 아니었습니다. 그런데 그냥 차 하나 없애고 나니 생각보다 많은 여유가 생겼습니다. 자동차를 그저 보유하고 있는 데 따른 기본비용도 그렇지만, 그에 못지않게 자동차로 인해 연쇄적으로 각종 지출이 발생한다는 것을 비로소 알게 되었습니다.

우리 삶에 어떤 편리한 시스템이 안착되고 나면, 그 편리함을 누리는 효용이 크게 다가오기 때문에 편리함의 대가로 알게 모르게 지속적인 비용이 빠져나간다는 사실을 못 느끼게 됩니다. 웬만하면 한 대쯤 갖추고 사는 자동차는 삶의 고정비용이 된 지 오랩니다. 차가 있으면 어떻게든 타게 마련이고, 이동의 편리성에 익숙해지게 되면 차 없는 불편이 더욱 커지게 됩니다. Y씨는 차가 없는 불편을 감수하는 대신 3개월치 생활비만큼 비상자금을 확보했고, 대출금도 연간 5백만 원 가까이 추가로 갚아나갈 수 있게 되었습니다.

자동차를 보유하고 운행하는 것이 무슨 옳고 그름의 문제는 아닐 것입니다. 다만 차는 무조건 보유해야 하는 필수재가 아니라, 그만큼의 비용을 들일 때 무엇이 나와 우리 가족들에게 더 좋은지를 따져보고 선택할 대상일 뿐입니다.

2부

불안이 사라지는
돈 관리법

4장

내 삶의 연비를
파악하라

오늘의 소비를
내일로 미뤄라

—

> 불행히도 오해란, 많은 사람들이 '어떠해야 한다는 주장'과 '어떻게
> 된 일인지에 대한 진술'을 구별하지 못한다는 데서 발생한다.
>
> – 리처드 도킨스, 『만들어진 신』

우리 대부분 먹고 사는 데 바빠서 정신없이 돈 벌고 돈 쓰고 큰 문
제 없이 살고는 있습니다만, 사실 내가 소비를 하고 사는 것인지, 소비
를 당하고 사는 것인지 혼란스럽고 애매한 부분이 참 많다는 걸 알게 됐

습니다. 나의 욕망에서 비롯되었지만 나도 모르게 순식간에 행해지는 소비, 주변의 기대와 권유로 인해 어쩔 수 없이 이루어지는 소비 등 진실로 내가 소비 결정을 했는지조차 불분명한 경우가 많다는 것도 알 수 있었구요. 이 모든 것이 나를 괴롭히는 여러 돈 문제들의 원인이라는 것을 어렴풋하게나마 느끼기 시작하면서, 이제 나의 돈 씀씀이를 살펴보게 됩니다. 나의 소비 행태 속에 깃든 온갖 선택과 결정 들을 들여다보는 일은 나를 아는 아주 좋은 방법이 될 수 있습니다.

문제의 시작점으로 되돌아가보는 일, 즉 소비가 발생하기 전으로 회귀하여 어떤 선택을 했어야 했나를 되짚어 생각해보는 자기 반성은 자신의 욕망을 돌아볼 수 있도록 하는 귀중한 경험입니다. 지출 내역을 돌이켜보면 생각보다 무의식적, 즉흥적 소비가 많다는 걸 알게 됩니다. 내가 어디에 얼마나 쓰고 사는지 나의 소비 행위를 되짚어보면서, 잘 썼네, 못 썼네 판단하기 전에, '아, 내가 이렇구나, 여기에 제일 돈을 많이 쓰고 사는구나' 하고 자신을 있는 그대로 보는 것이 매우 중요합니다.

소비 행위를 돌이켜보면 후회를 맞닥뜨리게 됩니다. 하지만, '후회'라는 뼈아픈 결과를 낳아야만 자기 반성의 기회를 얻게 되니, 후회하는 것도 결과적으로 그리 손해나는 것만은 아니겠죠? 어쩌면 다시 돌아보는 일을 통해 자기에 대한 실망감을 느낄 수도 있을 겁니다. 그러나 자신의 욕망과 오류를 직면하고 이를 자각해야 추후에 불필요한 소비가 일어나지 않도록 적절한 조치를 취하게 되고, 그래야 앞으로 발생할

'후회'를 줄일 수 있게 됩니다. 입에 쓴 약일수록 몸에 좋다잖아요.

자신이 가진 '무한 교환 가능성'을 함부로 사용하지 않기 위해 '다시는 생각 없이 지르지 않겠다'는 결심 따위는 효과적인 대책일 수 없습니다. 연애의 순간만큼이나 소비의 순간 역시, 인간의 합리성은 출장 가버리거나 너무 늦게 도착합니다. 자신을 믿는 것도 좋지만, 매번 결심하고 매번 결심한 바를 어기면서 자괴의 악순환에 빠지는 것은 그리 좋은 방법이 아닌 것 같습니다.

구체적으로, 자신도 어쩔 수 없는 소비의 환경과 규칙을 정하는 것이 진정한 실천적 대안입니다. 지갑에 정해진 액수의 현찰만 넣고 신용카드는 빼놓고 다닌다든가, 무언가 사고 싶을 땐 무조건 일단 참고 와서 다음에도 생각나면 다시 사러 간다든가 하는 자기만의 '불편한 소비 원칙'이 중요합니다. 결제하기 불편한 환경을 조성해놓음으로써 순간순간 실제 구매 행위에 브레이크를 걸어줘야 생각할 시간을 벌게 되니까요. 단순히 돈을 절약하고 아끼기 위해서가 아닙니다. 건강한 경제생활을 위해서는 돈을 써서 가치를 얻는 소비 능력을 키워야 합니다. 이것은 어떤 의미로 보면 즉각적 결제가 이루어지지 않도록 시간을 지연시켜 신중한 소비 의사 결정을 하도록 돕는 훈련 같은 겁니다. 오늘의 소비를 내일로 미루는 습관, 돈 관리에서 매우 좋은 습관입니다. 그리고 좋은 습관은 지속적인 훈련을 통해서만 얻을 수 있습니다.

택시 타고 출근하고
돈 내고 운동하는 현실

—

우리 집에서 걸어서 30분 정도 걸리는 회사까지 가는 다양한 방법이 있습니다. 걸어가기, 자전거 타기, 버스나 지하철 이용하기, 택시나 자동차를 타고 가기. 이 중 어떤 방법을 가장 선호하십니까? 가장 돈이 적게 드는 방식은 걸어가는 것이겠죠? 그렇지만 힘이 들고 시간도 많이 걸립니다. 힘을 덜 들이고 시간을 아끼고 싶다면 비용이 많이 드는 택시나 자가용을 이용하면 됩니다. 처음엔 건강도 생각하고 비용도 생각하며 몇 번 걷겠지만, 점차 버스에서 택시로 주요 출근 수단이 변경될 가능성이 높습니다. 일하는 것만도 충분히 피곤하고 힘든 상황에서 5분 만에 산뜻하게 출근할 수 있는 방법이 있는데, 일부러 30분 걸려 땀 흘리며 걸어가기를 선택하기란 어렵지요. 이런 과정에서 출근길 교통비는 자연스레 상향조정되어 고정비용이 되고, 설사 돈이 부족하더라도 출퇴근을 위한 교통비는 건드릴 수 없는 영역이 되고 맙니다.

몸이 편해지면 군살도 찌고 배도 나오고, 안 되겠다 싶어 회사 근처의 헬스클럽에 등록합니다. 운동하는 비용이 추가로 고정비용이 되겠죠. 곁에서 이를 지켜보던 인생의 감시자 엄마는 혀를 끌끌 차십니다. "회사는 택시 타고 다니면서 돈 내고 운동하는 꼴이라니. 돈이 썩어나는구나."

돈이 주는 편리함은 너무도 강력해서 이렇게 우리의 몸과 마음의 수고를 순식간에 덜어줍니다. 살다 보면 불편함이 생기게 마련인데, 법정 스님이 아니고서야 '아 불편하구나'를 있는 그대로 느끼고 음미하며 머물긴 어렵겠죠. 작은 불편이라도 이를 해소하고자 이리저리 머리도 쓰고 몸도 쓰면서 우리는 삶 속에서 단련되어왔는지도 모릅니다. 그런데 돈으로 일상의 사소한 불편들을 큰 노력 없이 편리하게 해소시키다 보니, 요런 편리함에 길들여지면 돈 없이 사는 삶이란 온갖 불편들로 가득한 고행의 덩어리로 느껴집니다. 내가 응당 해야 할 일조차 잘 못해서, 정확히는 하고 싶지 않아서 남에게 대행시키자니 돈이 너무도 필요해지는 거죠.

매년 다이어트를 결심하고 또 다이어트를 위해 수백의 돈을 쏟아붓지만 실제 내 육신에서 다이어트의 결과가 잘 나오지 않는 이유는, 우리가 다이어트를 하고 있는 삶을 소비만 할 뿐 실제 고행과도 같은 각종 훈련과 절식을 견뎌내지 못하기 때문이 아닐까요? 심지어 돈을 좀만 더 들이면 즉각적인 다이어트 효과를 내는 의료적 도움을 받을 수 있습니다. 기술과 약물의 힘을 빌려 속성으로 없앤 살들이 나중에 어떻게 되는지는 두고두고 지켜봐야 하겠지만요.

정말 돈이 있어야만 건강하고 균형 잡힌 몸매가 완성되는 걸까요? 어떤 인터뷰에서 고무줄 몸매로 유명한 영화배우 설경구는 체중감량을 위해 수십 킬로미터 달리기를 하면서 무조건 지갑과 돈을 모조리 빼두고 간다고 하더군요. 너무 힘들어서 자기도 모르게 돌아오는 길에 택시를 타게 될까봐서요. 만능 해결사 같은 돈을 멀리하고, 불편을 몸으로 감수할 줄 아는 일이 우리의 몸과 정신 건강에도 꼭 필요한 일 같습니다. 물론 덤으로 돈도 절약되겠죠.

나는 대체 어디에
얼마 쓰고 사는가

—

지금까지는 정신없이 살았고, 이제부터라도 돈 관리 제대로 하며 살고 싶습니다. 그런데 대체 어떻게 하는 게 돈 관리를 잘하는 걸까요? 철저하게 아껴 쓰고 흑자를 많이 남겨 저축을 많이 하면 돈 관리를 잘하는 걸까요? 아니면 여기저기 쓰고 싶은 곳에 맘껏 쓰고 사는 게 돈 관리를 잘하는 걸까요? 일단 '잘' 하는 것까지는 바라지도 않습니다. 그저 큰 문제없이 원활한 경제생활을 하며 먹고 살기 위해서라고 칩시다. 돈 관리 잘한다는 남들 얘기는 그만 기웃거리고 내 소비 내역부터 들여다봅시다. 제아무리 훌륭한 비결이라고 해도 그것은 그저 그 사람에게 훌륭한 '그 사람다운 비결'일 뿐입니다. 내 경제생활이 엉망처럼 느껴지는 건 내가 게으르고 나태하며 경제 개념이 없어서가 아닙니다. 나는 '나다운 방법'을 찾아야 합니다. 그러려면 당연히 내가 어떤 소비 습성을 가진 사람인지 우선 나 자신에 대해 알아야 합니다. 대체 당신은 '경제적으로' 어떤 사람입니까?

저는, 예전엔 뭔가가 마음에 들어 구매 결정을 내릴 땐 가격표는 안

중에도 없었습니다. 무엇이 싸다, 비싸다의 기준점도 갖고 있지 않았고 요. 내가 산 물건 가격표를 나중에 보고 '미쳤어, 미쳤어.' 하며 내 머리를 쥐어박은 적도 많았습니다. 대인관계를 유지하는 데 필요한 소비가 전체 소비에서 가장 많은 비중을 차지하고, 할부로 무언가를 구매하는 걸 대단히 싫어합니다. 살림살이가 늘어나는 걸 별로 안 좋아해서 소형 가전이나 인테리어 용품 등은 웬만하면 잘 사지 않습니다. 옷을 새로 사면 산 개수만큼 있던 옷을 버려서 옷장 속 '인구밀도(?)'를 조절합니다. 예쁜 문구류만 보면 이성을 잃고 사댑니다. 뭐 이런 식입니다. 그런데 내가 알고 있는 나의 소비 습성과, 실제로 가계부 같은 것을 써서 통계를 내보고 알게 되는 습성이 의외로 다를 때가 많다는 데 놀라게 됩니다. 무엇이 진짜 나의 소비 습성일까요.

R씨의 관심사는 공연, 전시, 뮤지컬, 영화 등 각종 문화행사들이고 여기에 대해 대단히 해박한 편이며 지인들과도 이에 관해 이야기를 많이 나눕니다. 고로 R씨 자신은 물론 지인들 대부분 R씨를 '문화중심적 인간형'이라고 생각합니다. 그러나 R씨의 한 달 지출 내역을 살펴본 결과 문화생활 그 자체에 투자되는 비용보다 친교모임이나 친구들과의 만남에 투자되는 비용이 압도적으로 많았습니다. 혹시 R씨는 문화중심적 인간형이라기보다 '문화'를 주제로 사람들을 만나 대화를 나누고 친분을 쌓고 싶은 '관계중심적 인간형'은 아닐까요. M씨는 모임이 너무 많아 비용 지출이 심한 것 같다며 모임을 줄여야겠다고 이야기하고 있지만, 실제로 한 달 지출 내역을 들여다보니 옷을 구매하는 비용이 상

대적으로 훨씬 많았습니다. 혹시 옷과 자기과시가 중요해서 사람들을 만나는 모임을 계속 하게 되는 것은 아닐까요.

마음 가는 데 돈 가고
돈 가는 데 마음 간다
—

사람들은 심리적으로 자신이 정말 중요하다고 느끼는 곳에 비용을 들이는 일에는 매우 관대하고, 심지어 돈을 쓰고 있는지도 모르는 경우가 많습니다. 자식이 너무 소중하면 자식에게 돈 들어가는 게 하나도 안 아깝게 느껴지고, 연애감정이 극에 달한 커플은 상대방이 원하는 것은 뭐든 사줘도 아깝지 않은 마음이 되잖아요. 그러나 별로 내키지 않는 곳에 돈이 들어가게 되면 금세 돈이 낭비되는 게 아닌지 민감해지고 지출에 스트레스를 받게 됩니다. 우리의 본능과 마음은 생각보다 '피 같은 돈'의 쓰임에 상당히 인색하기 때문에, 그만큼 나의 무심하고도 습관적인 씀씀이는 나의 우선순위를 제법 순도 높게 드러냅니다. 마음 가는 데 돈 가고 돈 가는 데 마음 가게 마련이지요. 자, 내 마음의 우선순위에 따른 지출 비중, 궁금하지 않나요?

가족 부양하느라고 제대로 돈 쓰고 살 여력이 없다고 하소연하는 사람일수록 의외로 가족에게 들어가는 돈이 전체 소비지출 비중상 그리 크지 않다는 현실에 적잖이 놀라게 됩니다. '남자는 결코 마음 없는 여자에게 돈을 쓰지 않는다'면서요? 가족들을 위한 소비만 했지 나를 위한 소비를 못 하고 산다며 억울해하는 가정주부가 자신의 화장품, 미용, 모임 비용을 따로 정리해보고 나서 그 어떤 가족 구성원보다 실제로 많은 돈을 쓰고 있음을 발견하게 되면서 나만 희생하고 있다는 괜한 피해의식이 줄어들었다고 합니다. 이런 마음의 편향이 가장 극심하게 나타나는 게 바로 돈 문제이기 때문에 돈 쓰는 맥락을 통해 자신의 마음의 우선순위를 들여다보는 일은 흥미롭기도 하지만 직면하기가 매우 불편하기도 합니다.

내가 생각할 때 나는 '배고픈 소크라테스형 인간'인데 나의 월간 지출 현황표는 혹시 내가 '배부른 돼지형 인간'임을 가감 없이 드러낼지도 모릅니다. 나는 남에게 대단히 사랑 받고 인정 받는 사람인데 나의 월간 지출 현황표는 남에게 선심을 많이 쓰고 선물을 갖다 바치며 정작 자신을 위해서는 별로 돈을 쓸 줄 모르는 '조공형 인간'임을 드러낼 수도 있고요. 내가 원하는 삶의 방향이나 인간형과 실제의 내가 서로 잘 맞아떨어지지 않을 때 공공연히 '분식회계'가 발생하기도 합니다. '식비'가 너무 높게 나온다 싶으면 영화 보러 가기 전 친구와 식사한 비용은 '문화생활비'로 넣는다든지, '옷값'이 너무 높게 나온다 싶으면 자매와 쇼핑하러 갔다는 이유로 '가족 지출' 항목에 넣는다든지 합니다.

어떤 소비를 감추고 싶어하는 게 문제라는 건 아닙니다. 나에게서 드러나는 편향과 불균등한 돈 쏨씀이를 우선 있는 그대로 들여다보면서 '음~ 내가 이런 사람이구나'를 파악하고 수용할 필요가 있습니다.

내가 원하던 모습이 아니라서 불편할 수는 있지만 그냥 내가 이렇구나를 먼저 이해하고 납득해야, 스스로 '자기기만'이나 '합리화' 없이 솔직하게 원하는 바가 무엇인지를 제대로 찾아낼 수 있거든요. 바람직한 나의 모습에 따른 올바른 돈 관리 계획을 세워놓고 거기에 나를 억지로 끼워 맞추려 하기 때문에, 오히려 쓰고 싶은 대로 써놓고서 이리저리 감추고 부인하게 되는 건지도 모릅니다. 그래서 생겨먹은 그대로의 나에게 맞는 돈 관리 방법을 찾으려면, 진짜 내가 무엇을 원하는지를 알아야 합니다. 제아무리 멋진 계획도 내가 못 지키면 아무 의미가 없는 거잖아요. 나의 본래의 성향과 우선순위에 맞는 경제적 질서를 확립해야 비로소 삶이 안정되고 만족도가 높아지기 시작합니다. 식비중심형 인간이면 어떻고, 과시중심형 인간이면 어떻습니까. 중요한 것은 내가 그렇다는 걸 알고, 그 욕구를 채워주는 게 우선입니다. 그런 후에 지나친 편중으로 인해 경제생활이 왜곡되지 않도록 두루두루 다양한 균형 배분을 해주려는 노력이 필요한 거죠.

수지균형부터
파악해보자
—

경제적 관점에서 자기 자신에 대해 본격적으로 파악해보기 위해 일단 다음의 수지균형표부터 작성해보도록 하겠습니다. '수지균형'이란 말 그대로 '수입'과 '지출'이 서로 균형을 이루어야 한다는 의미입니다. 버는 내에서 돈 쓰고 살아야 한다는 게 뭐 대단한 진리도 아니고 그저 상식일 뿐이죠. 그런데 참 이상하게도 많은 사람들이 수지균형을 맞추려고 해본 적도 없고, 또 실제로 맞추기도 어렵습니다.

〈수지균형표〉

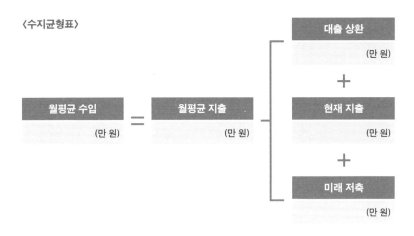

그냥 생각나는 대로 〈수지균형표〉를 작성해보겠습니다. '월평균 지출'은 세 가지로 나뉩니다. 이미 과거에 당겨 쓴 돈을 이자 보태서 지금 갚는 '대출 상환', 지금 먹고 사는 데 들어가는 비용인 '현재 지출', 그리고 나중에 쓸 돈을 모으는 '미래 저축'이 그것이지요. 이 세 가지를 더한 것이 월평균 '수입'과 서로 맞아야만 수지균형이 맞는 것입니다.

만약 '수입<지출'이라면 마이너스가 나고 있는 것이니 갈수록 경제 상황이 안 좋아지리라는 것은 설명하지 않아도 잘 아실 테죠? 반대로 '수입>지출'이라면 행복한 상황일까요? 만약 흑자가 나고 있는 거라면 모두 저축이 되고 있어야 마땅한데, 딱히 내 수중에 돈이 남는 것도 아니라면 문제인 거죠. 이는 대부분 눈에 보이지 않는 누수지출이거나 가끔씩 강림하는 지름신 때문에 발생하는 충동적 지출일 가능성이 큽니다. 돈을 쓰기는 썼으나 내 머릿속에 없는 지출이 바로 마이너스 살림의 주요 원인입니다. 따라서 가장 바람직한 것은 '수입=지출'인 상황, 즉 수지균형이 맞는 상황입니다.

① 내가 버는 돈, '수입'부터 파악하기

이제 수지균형의 시작이자 생활경제의 시작점이라고 할 수 있는 '수입'부터 정확히 파악해봅시다. 자신의 월평균 수입을 잘 알고 있나요? 제가 생활경제코칭을 하면서 놀란 것 중 하나가 자신의 수입을 정확히 잘 모르고 사는 사람이 꽤 많다는 사실이었습니다. 기혼자의 경우 배우자의 수입은 말할 것도 없고요. 부부임에도 각자 버는 돈을 따로 관리하고 있는 가정이 생각보다 많더라고요. 드라마 〈시크릿 가든〉에서 재벌 갑부인 남자 주인공이 가난한 여자 주인공에게 '부자가 뭔 줄 아느냐'고 묻습니다. 답은 '자기가 얼마를 버는지 혹은 가지고 있는지를 모르는 사람'이었어요. 대한민국에 진정한(?) 부자, 참 많더라고요.

월급 생활자들은 그나마 비교적 자신의 월평균 수입을 잘 알고 있겠지만, 프리랜서나 자영업자들은 정확한 수입을 파악하기 어려운 것이 사실입니다. 아래 표를 작성하면서 이제 대략적인 수입의 규모를 파악해보도록 하겠습니다.

수입의 종류	연간 금액 (만 원)	월평균 금액 (만 원)
근로수입		
사업수입		
임대수입		
이자/배당수입		
인센티브		
상여금		
퇴직금		
수입공제 환급금		
기타		
수입 합계		

근로 소득자의 경우 4대 보험료나 세금 등 뗄 거 다 떼고 실수령금액을 중심으로 파악합니다. 맞벌이 부부의 경우 각자의 근로 소득을 적으면 되겠구요. 어쩌다 한 번씩이지만 매년 꼬박꼬박 들어오는 인센티브나 상여금, 소득공제 환급금 등은 연간 금액으로 기입했다가 12로 나

누어 월평균 금액으로 환산해주세요. 퇴직할 때 어쩌다 한 번 나오는 퇴직금이라면 이곳에 기입하지 않는 게 좋구요. 이 모든 것을 월소득 기준으로 합산하여 파악합니다.

프리랜서나 자영업자의 경우는 총매출에서 업무 관련 비용들을 제외한 순수입을 산출하여 기입하셔야 합니다. 잘 모르겠다 싶더라도 한 번 찬찬히 기입해보세요. 예를 들어 프리랜서형 플로리스트의, 월평균 매출이 1천만 원이고 재료비 4백만 원, 차량운영 및 식사 등 업무 활동비가 2백만 원이라면 이를 제외한 4백만 원이 순수입이 되겠죠.

수입의 종류가 이렇게 많다니요! 내 수입처와 수입액은 왜 이리 단순할까 자괴하지 마시고, 해당 사항에만 가뿐하게 기입해봅시다. 상품권 들어온 것도 액면가대로 수입에 기입하며, 자녀들이 받은 세뱃돈이나 용돈도 엄마에게 맡길 경우 수입으로 기입합니다. 일단 들어온 돈이면 무조건 다 기입하는 방향으로 합니다. 수입의 많고 적음에 따라 기록하는 과정이 즐거울 수도, 서글플 수도 있을 겁니다. 그렇지만 일단 파악부터 해보자는 취지니까 너무 일희일비하지 않기로 해요.

② 과거에 당겨 쓴 돈, '대출 상환' 파악하기

사실 '대출' 내역을 정확하게 조사하려면 대출 발생일은 언제인지, 이자가 얼마인지도 세세하게 구분해서 파악해야 합니다. 그러나 그렇게 하면 너무 복잡해지고, 또 다들 생각보다 정확히 알고 있지 않기 때문에 그냥 내 수중에서 빚 갚는 데 얼마 정도 빠져나가는지 현금흐름을 중심으로 파악해보도록 하겠습니다.

부채는 크게 '신용대출'과 '담보대출'로 나누어 생각해볼 수 있습니다. 집에 관련된 대출을 제외한 대부분은 신용대출로 정리하면 됩니다. 물건을 신용카드 할부로 산 경우에도 대출을 일으킨 것으로 보고 총금액이 얼마인지, 월상환금액이 얼마인지 기입해봅니다. 각종 신용대출이나 카드론, 사금융 등은 이번 기회에 상세히 찾아보고 정확히 얼마인지를 알아보면 이자를 줄이는 데 도움이 될 수 있습니다. 지인에게 빌린 돈도 빠짐 없이 기입해보고 파악하면, 천천히 여력에 맞게 월상환금액을 책정하여 갚아나갈 수 있도록 계획을 수립해볼 수 있습니다.

집도 비싸고 교육비도 비싼 대한민국에서 빚 없이 산다는 건 거의 불가능에 가깝지요. 무엇보다 먹고 쓰려 해도 부족한 돈이 이자로 따박따박 나간다는 건 크나큰 손실이 아닐 수 없습니다. 그런 일이 발생할 리야 없겠지만, 그래도 만약 예기치 않은 목돈이 들어온다면 다른 고민 말고 무조건 빚부터 해결하려고 노력하시는 것이 살림 나아지는 데 제일 도움이 됩니다. 부채 원금이 줄어들어야 이자비용이 줄어들고, 그래야 다달이 생활 여력이 조금씩 나아질 테니까요.

③ 나중 쓸 돈, '미래 저축' 파악하기

저축 내역을 종류별로 기입하기 전에 크게 세 가지로 분류한 후 내역별로 기입합니다. 우선 '원금보존성 저축상품'이란 말 그대로 원금손실의 위험이 매우 적은 금융상품을 말합니다. 은행 예금, 적금이나 청약저축이 대표적입니다. CMA나 MMF 같은 경우는 엄밀히 말하면 '투자 상품'이라 원금보존성 저축상품이라고 할 수 없겠지만, 현실적으로 많은 분들이 단기 대기성 자금에 이자라도 붙여볼 요량으로 활용하는 것이니 편의상 이곳에 분류하겠습니다. 여기 소속 저축들은 여차하면 언제건 현금으로 바꿀 수 있다는 장점이자 단점을 안고 있습니다. 급한 일이 발생했을 때 괜히 남에게 비싼 이자 줘가며 돈을 빌리기보다 내 저축 깨서 대처할 수 있다는 것은 분명 좋은 점입니다. 그러나 곳간에서 인심 난다고 갑자기 너무 사고 싶은 물건이 생겼을 때, 누군가가 애타게 돈을 빌려달라고 할 때, 쉽게 돈을 써버릴 위험도 크긴 하죠.

그래도 필요한 곳에 쓰기 위해서 모으는 거지, 안 쓰고 모시고 살자고 모으는 건 아니지 않습니까. 따라서 모든 저축의 우선순위는 바로 '원금보존성 저축상품'으로 최소한의 유동성을 확보하는 일입니다. 인생의 비상자금이라고 할 수 있는 이 최소한의 유동성은 3~6개월치 생활비 정도의 금액이면 될 듯합니다. 대출 상환금액 포함 한 달에 2백만 원 정도 돈을 쓰고 사는 사람이라면 6백~1천2백만 원 정도는 '원금보존성 저축상품'에서 운용되고 있어야 삶이 안전하다는 얘기가 됩니다.

'원금손실성 저축상품'은 대부분의 '투자성 금융상품'을 포함합니다. 주식이나 펀드, 그리고 보험사에서 판매하는 투자성 보험인 변액유니버셜보험(VUL)이 여기에 해당하죠. 이것들을 금융자산으로 합산하기는 상당히 어렵습니다. 투자금이 언제 얼마가 들어가든, 지금 현재 수익률이 얼마든 결국 내가 돈 찾을 때 '평가액'이 얼마가 될지 예측 불가능하기 때문입니다. 만약 당장 자녀의 대학 등록금이 필요한 상황인데 '원금손실성 저축상품'에 들어 있는 돈을 조회해보니 마이너스 수익률이 심각한 수준이라면 '구국의 결단'을 내려야만 합니다. 손실을 무릅쓰고서라도 해지해서 필요자금으로 사용할 것인가, 대출을 받아서라도 손실이 회복될 때까지 기다릴 것인가의 기로에 서게 되는 거죠. 따라서 '원금손실성 저축상품'에 투자되고 있는 돈은 급할 때 언제건 찾아 쓸 수 있는 '유동성자금'에 포함시키지 않습니다. '투자성 금융상품'에 넣어두면 내 돈이지만 내 마음대로 쓸 수 없는 돈이 되는 셈입니다.

마지막으로 '장기목적성 저축상품'입니다. 불입 기간이 5년 이상인 저축성보험이나 변액연금, 소득공제연금, 비과세연금 등이 여기 포함됩니다. 과거의 영광스런 이름을 달고 화려하게 부활했지만 '같은 이름, 다른 혜택'으로 실망만 안겨줬던 '재형저축'도 여기에 포함됩니다. '장기목적성 저축상품'은 그냥 없는 셈치고 모아야 하는 돈입니다. 느닷없이 돈이 필요해서 해지라도 하게 되면 손실이 어마어마하기 때문입니다. 따라서 다른 어떤 저축상품들보다 우선순위 면에서나 불입가능 금액 면에서나 후순위로 밀릴 수밖에 없습니다. 돈이 필요한 시기로도 제일 나중이기 때문이기도 하죠. ▶〈자산부채현황표〉 작성하기 154쪽

지금까지 정리한 저축 내역과 부채 상환 내역을 〈자산부채현황표〉에 정리해보도록 하겠습니다. 매월 얼마를 저축하고 얼마의 빚을 갚느냐도 중요하지만, 지금 현재 시점에서 나의 자산은 얼마이고, 총부채는 얼마인지도 한번 정리해볼 필요가 있습니다. 현재 시점의 경제성적

표랄까요. 자산은 금융자산 말고도 부동산 자산도 포함됩니다. 이 둘을 더해야 나의 총자산이 되는 거구요, 여기에서 총부채를 빼면 나의 '순자산'이 산출됩니다. 사실 대부분의 자산은 부동산 자산인 경우가 많기 때문에 순자산이 생각보다 크게 느껴질 수도 있습니다. 따라서 정확한 파악을 위해서는 부동산 자산에서 부동산 관련 부채를 빼서 따로 정리해보고, 금융자산에서 기타 부채를 빼서 내가 실제 사용 가능한 돈은 얼마인지를 따로 계산해보는 것이 더욱 명쾌한 정리가 될 것입니다.

④ 지금 먹고 사는 비용, '현재 지출' 파악하기

자동차마다 제각각 연비가 다르듯 사람도 생존을 위한 경제적 연비가 저마다 다릅니다. 나와 우리 가족의 연비는 어떻게 될까요? 〈월지출 내역표〉를 기입해보고, 많이 쓰는지 적당히 쓰는지 한번 파악해볼까요? 먼저 월비용은 월비용대로, 연간 발생 비용은 연간비용대로 기입합니다. 다음 연간비용을 월지출로 환산하여 전체 비용의 합계를 내고 이를 '월지출'로 파악하도록 하겠습니다. 즉, 각 비용을 조사할 때는 월세나 공과금, 생활비처럼 매월 발생하는 비용은 '월간비용'에 쓰시고, 명절이나 부모님 생일처럼 어쩌다 한 번 발생하는 비용은 '연간비용'에 쓰면 됩니다. 일단 쓰고 나서 '연간비용'을 12로 나누어 '월간비용'으로 환산한 후 항목별 '월간 합계'를 산출한 후 전체 월비용을 합산합니다. 미혼자의 경우, 자녀 관련 지출이나 배우자 관련 지출 항목은 해당 사항이 없으므로 안 쓰셔도 되겠죠. ▶ 〈월지출 내역표〉 작성하기 156쪽

〈자산부채현황표〉　201　년　　월　　일　현재

───────────┤ 자산현황 : 금융자산 + 부동산자산 ├───────────

금융자산			
구분	총납입금액	현재총원리금	월저축액
자유입출금			
CMA			
적금			
예금			
주식			
펀드			
저축성보험			
변액보험			
연금			
합계			

부동산자산			
구분	취득가/보증금	현재시가	명의자
현거주지			
투자용			
합계			

총 자산	

154

신용대출			
구분	총대출금액	현 대출잔액	월상환액
신용카드할부			
신용대출			
마이너스통장			
카드론			
사금융			
지인 빌린 돈			
합계			

담보대출			
구분	총대출금액	현 대출잔액	월상환액
합계			
총 부채			

총 자산 - 총 부채 = 나의 순자산은 (   )원 입니다.

〈월지출 내역표〉

월평균 소득액	

➤ 소득이 일정하지 않다면 대략 평균소득액을 적으면 됩니다.

월간 지출액	

➤ 아래 적은 8가지 항목별 월간 비용을 모두 합산해보면 됩니다.

1. 고정 비용

지출항목	월간비용	연간비용
월세		
관리비		
수도요금		
전기요금		
취사/난방 가스요금		
각종 렌탈요금		
인터넷		
케이블/위성방송		
유선전화		
휴대폰(가족공용)		
기부 및 후원		
십일조 및 종교		
보장성보험료		
국민연금		
국민건강보험		
재산세/토지세		
종합부동산세		
주민세 및 각종 세금		
기타(적십자회비)		
합계		

2. 가족의 행복

지출항목	월간비용	연간비용
가족여행		
설날		
추석날		
부모님생신		
부모님용돈		
어버이날		
어린이날		
가족생일		
결혼기념일		
친인척 경조사		
제사/가족모임		
가족회비		
김장		
기타		
합계		

3. 건강한 일상생활

지출항목	월간비용	연간비용
주식/부식비		
간식/기호식품		
외식/배달음식		
건강식품/보약		
병원비/약값		
컴퓨터/소모품		
드라이/세탁비		
세탁/욕실/주방용품		
각종 수리비		
기타 생활용품		
반려동물		
기타		
합계		

4. 풍요로운 일상생활

지출항목	월간비용	연간비용
지인경조사		
각종 기념일		
운동/레저활동		
영화/공연/전시		
찜질방/온천		
신문/정기구독		
휴가/여행/캠핑		
주말농장/나들이		
기타		
합계		

5. 차량 관리 및 유지

지출항목	월간비용	연간비용
차량정비/수리		
타이어/엔진오일		
주유비		
주차비/톨게이트		
과태료/범칙금		
자동차보험		
자동차세금		
대리운전비		
기타(세차비)		
합계		

➤ 월간 비용을 중심으로 합산해주세요. 연간 단위로 드는 비용은 '연간비용'에 쓴 후 월간비용으로 환산하여 월합계로 합산해주세요.

월간 저축액	
월대출상환액	

월간 수지차	
➤ 수지차 흑자상태 : 새는 돈이 있어 체계적 돈관리 시급	
➤ 수지차 적자상태 : 규모에 맞는 소비예산 수립 필요	

6. 자녀 육아 및 교육		
지출항목	월간비용	연간비용
분유/이유식		
기저귀		
육아용품		
육아도우미		
유치원/어린이집		
과외/방문교사		
학습지/참고서		
급식비/우유값		
교재/기자재		
방과후학습		
등록금		
학원비		
수학여행/수련회		
자녀용돈		
자녀대중교통비		
자녀 의류/속옷		
신발/가방/모자		
자녀 머리손질		
잡화(안경/렌즈)		
합계		

• 저축이나 연금 등은 이곳에 기입해주세요.		
저축항목	월저축액	총저축액
합계		

• 부채이자나 원금상환 내역은 이곳에 기입해주세요.		
부채항목	월상환액	총부채액
합계		

7. 남편지출		
지출항목	월간비용	연간비용
남편휴대폰		
남편 대중교통		
남편 의류/속옷		
신발/가방/벨트		
잡화(안경/렌즈)		
머리손질/관리		
운동/레저활동		
취미활동		
교제/친목모임		
화장품/미용용품		
마사지(스포츠/발)		
어학/교양강좌		
책/저널		
기호품(담배 등)		
합계		

8. 아내지출		
지출항목	월간비용	연간비용
아내휴대폰		
아내 대중교통		
아내 의류/속옷		
신발/가방/모자		
잡화(안경/렌즈)		
머리손질/관리		
운동/레저활동		
취미활동		
교제/친목모임		
화장품/미용용품		
피부관리/마사지		
어학/교양강좌		
책/저널		
네일/속눈썹 등		
합계		

소득이 줄어들 경우
수지균형을 맞추는 방법

—

지금까지 조사해서 기입한 내용들을 아래의 수지균형표에 다시 한 번 써서 아까 생각 나는 대로 그냥 썼던 수지균형표와 비교해보도록 하겠습니다. 서로 차이가 많이 납니까? '대출 상환'과 '현재 지출' 그리고 '미래 저축' 중 과연 어느 항목이 생각과는 다른가요? 네, '현재 지출'일 가능성이 가장 크겠죠. 대부분 빚 갚는 금액이나 저축하는 금액은 월 얼마 정도 나가는지 잘 알고 계신 경우가 많습니다. 그런데 문제는 '현재 지출'입니다. 정확히 한 달에 얼마 정도 쓰고 사는지 스스로도 잘 모를뿐더러, 대개는 생각했던 것보다 더 많은 돈을 쓰고 삽니다.

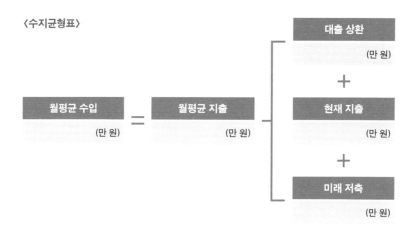

〈수지균형표〉

적어보니 수지균형이 마이너스라고요? 그러니 그 동안 버는 돈에 비해 삶이 빡빡했던 거겠죠. 그래서 큰맘 먹고 저축을 시작해봐야 만기도 채우지 못하고 중도에 깨서 써야 할 일들이 벌어졌던 거고요. 수지균형이 마이너스라면 저축은 큰 의미가 없어집니다. 빚내서 저축할 이유가 없잖아요. 들쭉날쭉 제멋대로인 '현재 지출'부터 정확하게 파악하고 통제할 수 있어야 저축도 안정적으로 할 수 있습니다. 현재 어디에 얼마 쓰고 사는지 모르고 산다는 것은 미래를 위한 그 어떤 최소한의 계획을 세우기도 어렵다는 것을 의미합니다. '계획' 씩이나 세우지 않더라도 내년에는, 3년 후에는, 5년 후에는 이러이러하게 살아야겠다 정도라도 가늠해보는 게 불가능하죠. 미래 가늠이 안 되는 삶은 총체적 불안 그 자체입니다. 돈을 적게 벌어서, 돈이 너무 부족해서라기보다 우선 살아가는 데 얼마 정도가 기본적으로 필요한지에 대해 가늠조차 되지 않는다는 게 불안의 핵심입니다.

예를 들어보겠습니다. 현재 월 1백만 원을 버는 나성실 씨는 '대출 상환'하는 데 월 20만 원, '현재 지출'에 70만 원, '미래 저축'에 10만 원이 나갑니다. 수지균형을 딱 맞추고 살고 있는 거죠. 그런데 갑자기 사장님이 회사 사정이 어렵다며 불가피하게 월급을 80만 원으로 내릴 수밖에 없다고 하십니다. 월 1백만 원 수입에 딱 맞춰 살던 나성실 씨는 '멘붕' 상태에 빠집니다. 자, 이제 어떻게 하는 게 좋을까요?

① 어쩔 수 없는 상황이니 일단 현재 지출을 줄인다?

한 달에 70만 원 쓰고 사는 것도 빡빡한데 여기서 단번에 20만 원을 줄여버리는 것은 생활비를 무려 30% 가까이 삭감하는 것인데, 가능할까요? 어디에 얼마가 지출되는지 잘 모르는 상황에서는 우선순위를 알 수가 없기 때문에 대부분 대충 눈에 보이는 '먹는 것'부터 줄이는 경우가 많습니다. 그러나 생존과 직결되는 문제인 '식비'를 줄이는 데는 한계가 있고, 굶는 것도 하루이틀이며, 무엇보다 먹는 걸 줄이면 삶의 질이 급격하게 하락하는 것을 체감하게 됩니다. 수입이 줄어든 것도 속상한데 제대로 먹지도 못하고 굶거나 대충 끼니를 때워야 하는 상황이 더해지면 수입 감소의 '체감 고통'은 두 배 세 배 커지겠죠. 무조건 먹는 것부터 줄이는 건 의욕만큼 그리 효과적인 방안은 아닌 듯합니다.

② 지금 먹고 살기도 빠듯하니 '미래 저축'을 줄인다?

그렇지요. 현재 생존이 위협 받을 때는 미래고 뭐고 우선 있는 돈 깨서라도 살아남아야 하는 거니까요. '미래 저축'을 줄이더라도 10만 원이 부족하기 때문에 다시 현재 지출에서도 10만 원을 줄여야만 합니다. 이는 덮어놓고 '현재 지출'에서 무조건 줄여버리는 것보다는 훨씬 현실적인 방법입니다.

그런데 말입니다, 만약 '미래 저축' 10만 원이 납입한 지 채 3년도 안 넘은 연금저축이라면 어떤 일이 벌어질까요? 월납입이 어려워져서 연금이 실효상태로 넘어가게 되면 결국 중도해지로 이어지게 되는 경우가 많은데요, 중도 해지하게 되면 납입원금조차 제대로 돌려받지 못하는 불상사가 생깁니다. 그냥 '적금'이었다면 어쩔 수 없이 불입 중단하고 중도에 찾아 써도 큰 손실까지 발생하지는 않을 텐데요. 수입이 줄어든 것이 연금 중도해지로 이어져 경제적 손실마저 발생시킨다면 이 또한 수입이 감소하는 데 따른 '체감 고통'을 연쇄적으로 증가시키는 결과를 가져올 것입니다. 그 어떤 좋은 금융상품보다, 자주 이용하는 안전한 은행에 비상자금부터 확보하는 것이 왜 더 중요한지 이해되시죠?

③ '대출 상환'은 건드릴 수가 없다!

수입이 줄었다고 '대출 상환'을 잠시 중단하거나 미룰 수 있을까요? 어림도 없는 얘기죠. 대출은 사정이 어려워졌을 때 그 존재감을 강렬히 드러냅니다. 인정사정 봐주지 않고 월상환은 계속되어야 하니까요. 당연하게도 '대출 상환'을 기본으로 깔고 가는 삶은, 그렇지 않은 삶에 비해 소득 변동성을 더 크게 체감할 수밖에 없습니다. 사회적 고용불안 상황도 그렇지만 나이가 들어갈수록 소득변동성은 갈수록 높아지는 추세입니다. 삶의 안정성을 위해 '대출 상환'이 왜 우선시될 수밖에 없는지를 이해할 수 있죠.

④ 줄이자니 머리 아픈데 그냥 더 버는 건 어떨까?

늘 주어진 프레임을 과감히 깨고 창의적으로 사고하는 분들이 계시죠. 뭘 자꾸 그 안에서 고민하느냐. 투잡을 뛰어서라도 더 벌면 되지 않느냐고 산뜻하게 대안을 이야기하시는 분들도 계십니다. 더 이상 어떻게든 돈 나갈 곳을 줄일 방법이 없다면 불가피한 대안이긴 합니다. 그런데 말이 쉽지, 더 버는 게 어디 쉬운 일인가요? 더 벌자고 밤늦게까지, 휴일까지 일하다가 건강이라도 해치는 날엔 괜한 의료비용만 더 쓰게 될 우려도 있고요. 언제건 소득은 중단될 수 있고, 우리는 더 버는 것과 덜 쓰는 것 중 최소한 어느 하나를 선택해야만 합니다. 저마다 타고난 성향에 따라 덜 불편하고 더 실천 가능한 대안을 선택하게 되겠지만, 어떻게든 되겠지 하며 선택을 미루는 경우도 많죠. 그렇다고 당장 뭐가 어떻게 되는 건 아니니까요.

〈나성실 씨 수지균형표_1〉

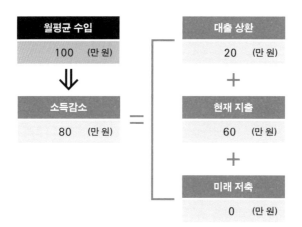

소득이 늘어날 경우
수지균형을 맞추는 방법
—

아, 역시 '임금 삭감'은 상상만으로도 우릴 우울하게 만드네요. 이번엔 반대의 상황을 생각해볼까요. 사장님께서 회사 매출이 좋아졌다며 월급을 20만 원 더 올려주시겠답니다. 나성실 씨는 그간 차곡차곡 누적된 피로와 업무 스트레스가 싸악 다 치유되는 기분을 느끼며 가슴 두근두근 월급날을 기다립니다. 통장에 꽂힐 이 새로운 20만 원은 어디에 어떻게 쓰는 게 좋을까요?

① 저축을 늘립니다!

의욕이 하늘을 찌릅니다. '더 번다면 무조건 저축하겠어!' 결심은 좋지만, 과연 실천가능할지가 의문이죠. 대부분의 사람들은 더 버는 딱 그만큼 현재 지출이 늘어나는 게 현실이잖아요. 지금까지도 여유롭고 넉넉하게 살아온 것이 아니기에, 더 버는 순간 그 동안 참고 구매를 미뤄뒀던 모든 것들이 생생한 '소유 가능성'으로 다가옵니다. 사람이란 더 벌면 더 버는 만큼 삶의 때깔부터 달라지게 마련입니다. 그래야 돈 버는 맛도 나고 열심히 일해볼 맛도 나는 거죠. 그렇다고 더 버는 돈을 모두 다 현재 지출로 써버리는 건 왠지 현명한 방법은 아닌 것 같지요? 무조건 저축하면 결국 중도에 깨서 부족한 생활비로 쓰게 되거나 빚을 갚게 되거나 해서 오히려 저축해봐야 무슨 소용이냐는 불신만 키울 우려도 큽니다. 저축이 우선순위는 아니란 얘기죠.

　②대출을 갚습니다!

　우리 바로 좀 전에 수입이 줄어드는 어려운 시절 느껴봤잖습니까. 그때 가장 무서운 존재감으로 우리를 힘들게 하던 것이 뭐였습니까. 바로 대출 상환 아니었나요? 수입이 줄어들어 사정이 어려워지더라도 절대로 봐주지 않는 대출 상환의 무서움을 알았다면, 사정이 나아져도 우선순위는 달라지지 않습니다. 바로 대출 상환이 미래 저축보다 우선한다는 것입니다.

　정말 많은 분들이 퇴직금 중간정산을 받거나, 예기치 않게 꿔줬던 돈을 받거나 하면 어김없이 묻습니다. "이 돈을 어떻게 운용하는 것이 좋을까요?" 저는 서슴지 않고 대답합니다. "대출부터 갚으세요!" 그러면 또 다시 물어옵니다. "회사에서 받은 대출이라 금리가 낮아서요. 뭔가 운용해서 더 나은 수익을 얻을 수 있지 않을까요?" 여전히 제 대답은 같습니다. "아니요. 대출부터 갚으세요!" 금리가 제아무리 낮더라도 괜한 이자를 계속 내야 할 이유는 없잖아요. 대출 상환이란 정확히 말하면 이자만 갚는 것이 아니라 원금도 갚아나가는 것을 의미합니다. 원금이 줄어들어야 이자비용이 줄어들고, 이 줄어든 이자를 차츰차츰 저축 여력으로 돌리는 것이 삶의 안정성을 높이는 가장 바람직한 방법입니다.

　그러나 사람들은 왜 돈이 생겨도 대출부터 우선 갚는 걸 주저할까요? '대출 상환'은 과거에 이미 쓴 돈을 현재에 메우는 일이다 보니, 아무리 갚아도 당장 현재의 삶에 '체감되는' 변화를 느끼지 못합니다. 뭔가 현재를 위해 쓰면 반짝이는 기쁨이 있고, 미래를 위해 모으면 실제로 느껴지는 뿌듯함 같은 것이 있죠. 그런데 더 버는 돈을 몽땅 대출 갚는 데 넣게 되면 뭔가 허전한 것입니다. 그리하여 가장 좋은 방법은 '대출 상환에 10만 원 더 + 현재 지출에 10만 원 더' 플랜입니다. 미래 저축은요? 역시나 다가올 미래는 과거나 현재에 비해 우선순위에서 밀립니다.

〈나성실 씨 수지균형표 _2〉

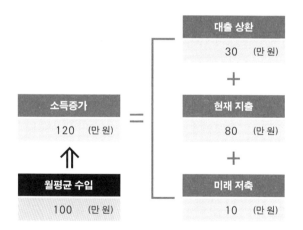

버는 만큼 쓰고 살아야 하는 거,
맞죠?

—

다시 한번 정리해볼까요? 수입이 줄어드는 비상사태가 발생되면 저축부터 중단한 후 그래도 모자라는 만큼 현재 지출을 줄여나갑니다. 수입이 늘어나게 되면 대출 상환과 현재 지출에 우선 투입합니다. 그리고 나서 대출 원금 상환으로 인해 이자비용이 줄거나, 현재 지출에서 필요 내역이 어느 정도 채워지고 나면 비로소 저축 여력으로 책정할 수 있게 됩니다. 이것이 바로 수지균형을 맞춰나가는 방법, 즉 인생의 험난한 바다에서 몰아치는 수입 변동성의 쓰나미에 대처하여 나의 생존과 안전을 지켜나가는 방법이기도 합니다.

'수지균형' 개념은 지속가능한 삶을 위한 경제 운영의 기본 원칙입니다. 버는 만큼 쓰고 살아야 하는 거, 맞죠? 그렇다면 현재 수입이 없는 상태거나, 너무 수입이 낮아서 형편이 좋지 않다면 돈 관리를 할 수 없는 걸까요? 우리, 돈 못 번다고 곧바로 생계가 중단되던가요? 일시적으로 돈을 빌리든, 부모에게 손을 벌리든 여차저차 살지 않습니까? 수입이 없는 비상상황에서 모아둔 돈이 없다면 당연히 마이너스 인생을 살게 됩니다. 어떤 이유로든 생계를 유지하고 있고 돈을 쓰고 살고 있다면, 어디에 얼마를 쓰고 사는지 지출 관리를 하는 것은 매우 기본적인 사항입니다.

수지균형표는 '수입'에서 시작합니다. 일단 얼마를 버는지를 문고, 그 버는 돈을 가장 기본적으로 어떻게 배분할 것인지 묻지요. 그러나 실제 우리의 삶은 어떻습니까. 버는 것부터 살림의 시작이 아니라, 일단 쓰고 벌어서 갚는 순서로 삶이 진행되고 있습니다. 태초에 소비가 있었고 이를 충당하기 위한 돈 벌기가 시작되었으니…… 선택의 여지가 없어서 어쩔 수 없이 돈 버는 일이 과연 보람되고 즐거워질 수 있을지 의문입니다. 어떤 일을 해야 보람되고 즐거울까를 생각해볼 여유도 없이 그저 결제일에 쫓기는 삶에서 일의 보람과 즐거움을 찾기란 훨씬 어려운 일이겠지요.

수지균형표는 이처럼 우리의 역전된 경제생활을 돌아보게 함으로써 현실의 고통을 다른 각도로 바라볼 수 있도록 도와줍니다. 점점 커져가는 필요에 따라 괴상스럽게 폭증하는 '현재 지출'이 삶 전반의 균형을 무너뜨리지 않도록 계속 들여다보게 합니다. 우리가 사는 동안 삶과 함께 흐르는 돈을 우리 스스로가 통제하지 못한다면, 결국 돈에 의해 우리의 삶이 통제 당하게 될 것입니다. '돈' 문제라는 게 단순히 '돈' 자체의 문제만이 아니라, 그 '돈'을 어떻게 쓰고 사느냐, 즉 '돈'을 사용하는 '사람'의 문제이자 삶의 문제이기 때문입니다.

매월의 수지균형은 연간 수지균형 개념을 잡게 하고, 이는 또다시 인생 전반의 수지균형을 생각해보도록 우리의 눈과 마음을 키워줍니다. 지금 현재의 수지균형 감각은 좀 더 확장된 시야로 인생을 조망하도록 우리를 이끌어줍니다.

버는 돈 내에서
'잘 쓰기'가 핵심
—

'수지균형'을 정리해보면 대부분 자신의 '무대포식' 경제생활을 반성하게 됩니다. 특히 현재 지출 내역을 조사하고 나면 대부분의 반응은 '생각했던 것보다 돈 들어갈 곳이 많구나'입니다. 생존을 위해 필요한 기본비용은 물론이고, 뭔가를 배우거나 사고 싶은 물건을 사면서 인간답게 살기 위해서도 일정 정도의 돈이 필요합니다. 이변이 없는 한 돈은 늘 부족합니다. 더 많았으면 좋겠습니다. 돈이 얼마나 더 있어야 내가 하고 싶은 것들을 몽땅 다 해보고 살 수 있을까요.

P씨에겐 두 아들이 있습니다. 두 아들은 모두 한 달에 한 번 5만 원의 용돈을 받고 있는데, 늘 부족해서 용돈을 올려달라고 부모님께 이야기합니다. 엄마가 "왜 용돈을 올려주어야 하지?"라는 질문을 던지자 형은 이렇게 이야기합니다. "엄마~ 사랑하는 큰아들 돈이 더 필요하다는데 그냥 더 주면 안 돼요? 주시는 돈 꼭 필요한 데 잘 쓰고 있지만 늘 부족하단 말예요. 주위 친구들 보면 한 달에 5만 원 받는 애는 없어요. 다들 10만 원 이상씩 받아요."

동생은 "엄마가 주시는 돈에서 책 사보는 데 1만 원 정도 들고요, 필요한 학용품 살 때 1만 원, 배고플 때 간식 사먹느라 3만 원 정도가 들더라고요. 가끔 친구들 생일파티 같은 걸 하는데 그때 생일선물을 사는 비용이 항상 부족해요. 내 필요한 걸 못 하고 선물을 살 수도 없으니

168

1만 원만 올려주시면 제가 친구들과 잘 지내는 데 큰 도움이 될 것 같아요."

P씨는 자신이 왠지 큰아들은 야단만 치게 되고, 둘째아들은 해달라는 대로 해주게 되는 이유를 이제야 제대로 알 수 있게 되었다고 합니다. 여러분이 부모라면 누구 용돈을 올려주실 것 같나요? 어릴 때부터 하고 싶은 것들을 한도 끝도 없이 모두 하고 살 수는 없다는 것, 돈은 부모에게서 무한정 나오는 것이 아니라 한정되어 있다는 것을 아는 일은 경제 개념을 정립하는 데 매우 중요합니다. 그렇기 때문에 주어진 예산에서 우선순위를 정하고, 이를 분명히 얘기할 수 있어야 필요한 것을 얻을 수 있다는 것을 배운다면, 평생 원활히 경제생활을 꾸려갈 수 있겠지요? 이렇게 경제 개념을 정립해두면 삶의 토대를 공유하고 사는 가족과 돈에 관해 소통할 수 있게 됩니다.

그러나 현실에서는 "제가 대학원까지 나왔는데 이 정도 급여 받는 건 너무하죠."라며 자기의 소비 원칙을 정립하지 못한 채 막연히 수입이 적다고 한탄하기도 합니다. "별다르게 사치하는 것도 아니고, 맘껏 써본 적도 없는데 늘 돈이 부족하네요."라며 실제 어디에 얼마 쓰는지도 모른 채 막연히 돈 부족만 탓하는 경우도 많고요. "주변 사람들 보면 다들 외식도 잘하고 옷도 잘 사 입고 사는데 저만 늘 궁색한 거 같아요."라며 비교를 통해 상대적 박탈감만을 스스로에게 주입시키는 경우도 많습니다.

복잡다단한 경제 문제의 해결을 위한 첫 단추는 실로 단순합니다.

'네 자신을 알라!' 경제적으로 다시 말하자면 이런 얘기가 되겠지요. 네 자신의 지출 내역을 알라, 네 자신의 적정 수입을 알라, 네 삶의 우선순위를 알고 그에 맞게 돈을 잘 배정하라. 돈이 많든 적든 스스로 필요하고 중요한 곳에 돈을 잘 쓰고 살 수 있다면 그것이 행복 아니겠습니까. 무작정 아끼는 것은 가능하지도 않고 또 바람직하지도 않은 시대입니다. 돈이 많아야만 행복하고 적으면 불행할 수밖에 없는 시대도 아닙니다. 이제 핵심은 '버는 돈 내에서 잘 쓰기'입니다.

5장

돈 관리는 균형이다

_M밸런스 노트 활용법

가계부 쓰는 일은
너무 어렵다

_

버는 돈 내에서 잘 쓰려면 기록하고 관리하는 것이 중요합니다. 그런데 여러 번 가계부 쓰기에 도전했다가 실패하시는 분들이 참 많습니다. 기록하는 게 중요하고 필요하다는 것은 잘 알겠는데, 그래도 매일 가계부를 쓴다는 건 참 어렵지요? 경제 개념이나 돈 개념이 없어 그런지 숫자만 보면 울렁증이 난다는 분들도 참 많습니다. 쓰긴 쓰는데 왜 써야 하는지를 잘 모르겠고, 기록한 결과를 제대로 활용하지 못하고 있다는 분들이 대다수입니다.

결혼 10년차 주부 L씨는 돈 문제로 남편과 큰 다툼이 있었던 5년

전부터 지금껏 꾸준히 가계부를 써오고 있습니다. 덕분에 대략적으로나마 얼마 정도를 쓰고 사는지 감은 잡고 있다고 자부했습니다. 그런데 매월 식비로는 얼마 정도 들어가는지, 아이들에게 한 달 평균 얼마의 돈을 쓰는지, 양가 부모님들께는 어느 정도의 규모로 돈이 지출되고 있는지 등 돈을 쓰는 패턴과 비중에 대해서는 전혀 감도 잡지 못하고 있었습니다. 항목별로 통계를 내보지 않고 그냥 지출 일기를 쓰듯 날짜별로 얼마 썼는지, 한 달에 얼마 정도를 썼는지만 확인해왔기 때문입니다.

"가계부 쓴다는 게 그렇죠 뭐. 그냥 매일매일 지출이 발생될 때마다 가계부에 적어보면서 혹시 쓸데없이 돈 쓰지는 않았는지, 너무 많이 쓰지는 않는지 반성하는 거죠. 주말이 되면 주간 결산을 하고, 월말에 얼마 썼는지 총계를 내요. 매월 가계부를 써도 적자는 마찬가지예요. 월간 결산을 통해 고작 확인하는 건 매월 수입보다 많이 쓰고 있다는 사실뿐이라 답답하죠. 어딜 어떻게 줄여야 하나 막연하기만 해요."

열심히 기록해서 마이너스 살림만 확인하는 것은 기운 빠지는 일이라 그런지, 벌써 3개월째 지출 결산을 손도 대지 못하고 있는 상태였습니다. 한번 큰맘 먹고 붙들고 씨름해도 꼬박 3~4시간 이상 걸리는 지출 결산이라 쉽게 엄두가 나지 않아 시간이 이렇게 지나버린 것입니다.

"가계부라는 게 단순히 지출을 기록한다는 데 의미가 있는 건 아니잖아요. 일단 썼으면 뭔가 살림살이에 대해 이런저런 통계를 알 수 있어야 하지 않나요. 그런데 가계부는 그냥 얼마 썼는지만 확인하게 되고 어디에 얼마를 쓰는지는 따로 통계 내기가 너무 어려워요. 자동이체로 빠져 나가는 것도 있고, 이번 달에 썼지만 신용카드로 결제하는 것은 다음 달에 빠져 나가서 언제 시점으로 기입해야 되는지도 헷갈리고요. 명절 연휴나 휴가기간 같은 때 정신없어 기록하지 못하면 한 달 적은 것이 통째로 무의미해지기 일쑤죠. 현금으로 쓴 경우 그때그때 적어두지 않으면 생각나지 않는 지출도 많고……. 그냥 이번 달 얼마 썼는지만 대충 주르륵 더해서 총액만 확인해요. 때론 카드명세서가 있으니까 기록하지 않고 그냥 지출 내역 확인만 하기도 하고요. 각 지출 항목별로 예산을 세워봤지만 예산만큼 썼는지를 나중에 통계를 내보려고 하니 계산도 틀리고 복잡해서 너무 힘들어요."

그렇습니다. 우리 집은 대체 어디에 얼마 쓰고 사는지 파악하려면 지출 항목별로 통계를 내봐야 하는데, 날짜별로 여기저기 흩어져 있는 지출 내역을 찾아가며 항목별로 통계를 내기란 여간 어려운 일이 아닙니다. 게다가 분류되어야 하는 지출 계정이 수시로 헷갈립니다. 은행수수료는 어느 계정으로 넣어야 할까요? 지난 번 점심 때 친구가 돈 없다고 해서 대신 내준 밥값은 생활비인지, 용돈인지, 접대비인지…… 시누이가 급하다고 빌려간 돈은 지출한 걸로 적어야 하는 건지, 만약 지출이라면 어느 계정으로 분류를 해야 하는 건지 말이죠. 구두 뒷굽 수선하는 건 어느 지출 항목에 넣어야 하는 걸까요. 꼬리에 꼬리를 무는 의문으로 가계부 정리는 시간만 잡아먹을 뿐 정작 원하는 결과가 나오지는 않습니다.

정해놓고
잘 쓰는 훈련

—

이처럼 어디에 얼마를 쓰고 사는지를 파악하는 가계 회계장부 본연의 역할을 하기 위해서 지금까지의 가계부 양식은 적합하지 않습니다. 매일매일 날짜별, 요일별로 기록하며 하루에 얼마 썼는지를 합산하는 것은 별로 의미 없는 통계이기 때문입니다. 어차피 살면서 돈은 쓰고 살게 마련이므로 더 이상 그날그날 지출 일기를 쓰며 반성하는 건 불필요하죠. 중요한 건 나만의 소비 기준과 원칙을 세우고, 여기에 맞는 지출을 하고 사는 관리 능력을 키우기 위해 장부를 기록하고 통계를 내보는 일 아닐까요? 국가의 재정집행도 마찬가지입니다. 새로운 회계연도가 시작되면 각 정부 부처별로 예산부터 정합니다. 교육 예산을 많이 책정하는지, 국방 예산을 많이 책정하는지, 복지 예산을 많이 책정하는지에 따라 한 나라 정책의 중심 가치와 방향을 충분히 알 수 있잖아요. 이렇게 예산을 먼저 수립하고 그 예산에 따라서 재정을 집행하게 됩니다. 연말이 되면 예산 대비 얼마나 썼고 어떻게 썼는지 결산을 해야 하죠. 여기서는 얼마나 아껴 썼는가, 얼마나 돈을 많이 남겼는가보다 주어진 예산을 원칙에 맞게 '어떻게 잘 썼는가'가 핵심 관건이 됩니다.

그렇습니다. 돈을 쓸 때마다 어디에 얼마 쓸지를 결정하는 것이 아니라, 예산을 짤 때 나의 우선순위와 소득 규모에 맞는 적정 소비 규모를 반영합니다. 돈을 쓸 때는 주어진 예산 안에서 어떻게 쓰는 것이 잘 쓰는 것인지를 생각하면서 쓰고, 그렇게 예산 대비 결산을 하는 게 돈 관리의 원칙입니다. 한 국가의 살림이나 회사의 살림 그리고 한 가정의 살림의 원칙이 크게 다르지 않습니다. 우리는 정해진 내에서 잘 쓰기 위해 지출 장부를 기록하는 것입니다.

균형 있는 돈 관리를 위한
M밸런스 노트

—

　무조건 아끼자는 게 아니라 스스로 정한 소비 기준이자 원칙인 소비 예산 내에서 잘 쓰기를 도모하도록, 지출 항목별로 흑자가 나게 되면 이를 저축 여력으로 돌릴 수 있도록 돕기 위해, 우리의 일상적 소비 생활의 균형을 자연스럽게 관리할 수 있도록 돕기 위해 가계부 대신 〈M밸런스 노트〉를 만들어 제안합니다.

　각 지출 항목별로 조화로운 예산 배정을 통해 삶의 균형을 도모해야 합니다. 식비를 줄이고 그 동안 소홀했던 문화생활비 비중을 늘린다든지, 옷 사는 돈을 좀 줄여서 기부를 시작해본다든지 하는 것입니다. 여럿이 함께 사는 가족은 각 가족 구성원 간의 형평성을 위해서도 사전 예산 수립이 매우 절실합니다. 각 가족 구성원별로 예산 분배의 형평성을 고려하는 예산 수립 과정에서, '너'와 '나'를 넘어선 '우리' 공동의 비용이 어느 정도인지를 이해할 수 있게 됩니다. 또한 이렇게 예산을 정해놓고 돈을 써야만 미래를 준비할 수 있는 저축 여력을 얻게 됩니다. 과거의 빚에 눌려 살거나, 현재 삶의 비용조차 감당하지 못하면 우리에게 미래 준비란 있을 수 없는 일일 테니까요. 미래 준비가 불가능하면 현재의 삶은 불안하고 혼란스러워질 가능성이 높아질 테고, 그것은 또다시 현재 지출을 불안정하게 만드는 요소가 되어 경제적 악순환으로 이어지기 쉽습니다.

'M밸런스'란 돈의 균형을 뜻합니다. 돈 관리는 결국 전반적인 인생의 균형 관리입니다. 경제적 문제로 인한 고통은 결국 이러한 균형이 깨졌기 때문에 발생합니다. 이제 우리는 자신의 돈 관리를 통해 단순한 취향에 따라 특정한 곳으로만 지출이 편중되고 있지는 않은지 스스로를 돌아보아야 합니다. 더불어 사는 삶에서 공정한 예산 집행과 공동 비용의 중요성을 느낄 필요도 있고요.

저는 가계부 쓰는 걸 너무도 싫어하고 제대로 써본 일도 없습니다. 그런데 대체 내가 어디에 얼마 정도를 쓰고 사는지, 올 한 해 동안 얼마를 벌었는지 등 궁금한 건 많더라구요. 그래서 오로지 나의 편의를 위해 〈M밸런스노트〉를 만들어 쓰기 시작해, 벌써 6년째 접어듭니다. 네, 저는 무려 6년의 〈연간 현황표〉를 보유하고 있습니다. 그걸 들여다보노라면 제 지난 6년간의 일들이 일기보다 생생하게 떠오릅니다. 매년 연말이면 나름 경건한 마음으로 지난 1년을 돌아보고 내년 계획을 세우는 시간을 갖고자 했지만, 그때마다 '올 한 해 번 돈은 다 어디로 갔을까.' 하는 회한을 떨쳐버릴 수가 없었습니다. 그런데 1년의 현금 흐름을 한눈에 파악하게 되면서 '내가 이런 데 이만큼 쓰고 살았구나.' 확인을 하며 괜한 박탈감을 많이 줄일 수 있게 되었습니다. 동생이 둘째를 낳았다고 축하금도 이만큼 보내고, 나도 언니 구실 좀 했네 싶어 배실배실 웃음이 나기도 합니다. 제주도로 훌쩍 여행 떠나느라 적금을 깨기도 했지만, 수중에 남은 돈이 별로 없다는 자괴감보다 그래도 적정한 비용 들여 괜찮은 추억 만들었네, 싶어 기분이 좋아집니다. 소중한 추억이 거저 얻어지는 게 아니라 비용이 든다는 걸 확인하면 돈을 버는 일부터 소중해지기 시작합니다.

이런 경험들이 좋아서 아는 사람에게 전달하고, 인연이 닿는 사람들에게 소개하다 보니 〈M밸런스 노트〉를 기반으로 돈 관리 교육도 하게 되고 이렇게 책도 쓰게 되었습니다. 돈 관리라는 게 단순히 적자냐 흑자냐 결과만 중요한 게 아닙니다. 돈 관리에는 삶의 과정이 그대로 묻어 있습니다. 돈 쓰고 후회도 해보고, 돈 써서 기분 좋아보기도 했습니다, 누구한테 떼인 흔적도 남아 있습니다. 그렇게 저는 '돈의 관점에서 정리된 나만의 소중한 역사책'을 만들어가고 있습니다.

결국,
일상의 행복이 평생의 행복이다
–

〈M밸런스 노트〉로 정리된 숫자들을 통해 사람들의 인생을 들여다

보면 참 흥미로운 돈 얘기들이 많이 보입니다. 사람 인생 전반에 걸쳐 가장 많은 돈이 드는 지출 항목이 무엇일까요? 비싼 집도, 자녀교육도, 여행도 아니었습니다. 그냥 먹고 사는 비용, 그러니까 일상 생활비더라고요. 다시 말하면 인생의 때깔과 만족도를 결정하는 것은, 어쩌다 한 번의 여행이나 괜찮은 내 집 마련, 수준 높은 교육보다 그냥 먹고 사는 일상, 그 자체라는 겁니다. 삶의 기본 축과도 같은 기본 생활비의 규모가 워낙 크기 때문에 이걸 얼마만큼 어떻게 쓰고 사느냐가 삶의 질을 결정하는 핵심입니다. 기본 생활비가 많이 필요한 사람은 적게 필요한 사람에 비해 또 다른 재무목표를 영위하고 살 만한 여유가 부족할 수밖에 없습니다. 이것은 단순히 얼마를 버는가보다 훨씬 중요한 문제였습니다. 인생의 과정 중 한때는 많이 벌 수도 있고, 또 어떤 때는 못 벌 수도 있지만 이 모든 순간에도 생활비 지출은 계속됩니다. 기본 생활비가 적정하게 정해져 있다면 소득의 많고 적음에 따른 인생의 변동성을 줄일 수 있고, 자신의 우선순위에 따라 인생 전반에 걸쳐 제법 많은 것을 누리고 살 수 있게 됩니다.

돈이 많이 들어가는 항목이 적게 드는 항목보다 훨씬 삶의 질과 경제적 만족에 큰 영향을 미칠 가능성이 높겠죠. 결국 돈 관리는 우리에게 일상생활에서의 행복을 묻습니다. 어디에 어떻게 어느 정도를 쓰고 살아야 내가 행복할지를 말이죠. 그렇기 때문에 돈 관리는 지금 어디에 얼마를 쓰고 사는지에 대한 '현재 지출 관리'가 핵심일 수밖에 없습니다. 대부분의 재무상담이 우선 저축에 대해 이야기하고, 저축을 위한 현재의 돈 관리를 강조하지만, 저는 그것은 부차적인 문제라고 생각합니다. 현재의 삶이 건강하게 유지되는 비용을 스스로 알고 관리할 수 있는 능력을 갖는 것, 그러한 '건강한 현재성'이 확장되어 자연스럽게 만들어지는 것이 결국 건강한 미래가 아닐까요. 즉 미래는 현재를 졸라매고 희생하여 만들어가는 유예된 가치가 아니라, 그저 건강하고 행복한 현재의 확장일 뿐입니다. 지금 여기서 행복할 수 있어야 나중에도 행복할 수 있기에, 오늘의 적정 소비생활을 돕는 〈M밸런스 노트〉 사용법을 배워보도록 하겠습니다.

M밸런스 노트
쓰는 법
–

① 나의 적정 소비 기준, 〈소비예산〉 수립하기

나의 〈지출현황표〉를 참고하여 적정 소비 예산을 수립해봅니다. 먼저 나의 한 달 소비 예산은 얼마인지 금액부터 정하고 세부 항목별로 예산 금액을 조정하는 것이 좋습니다. 〈소비예산표〉 사례를 참고해주세요.

▶ 〈소비예산표〉 작성하기 186~189쪽

② 1년 돈의 흐름을 한 눈에 보는 〈연간현황표〉 작성하기

한 해의 수지균형을 한눈에 파악할 수 있습니다. 수입 내역부터 고정지출까지는 〈연간현황표〉에서 직접 관리하고, 〈변동지출표〉만 별도로 작성한 후 여기서 한 눈에 볼 수 있도록 관리합니다.

▶ 〈연간현황표〉 작성하기 190~193쪽

③ 예산 대비 결산, 〈변동지출표〉 작성하기

적정 생활비의 기준이 되는 '소비 예산'을 수립한 후 '예산 대비 결산 방식'으로 장부를 기록하는 새로운 방식입니다. 이것은 마치 매월 지출 항목별로 인생의 마일리지를 부여하고, 이 마일리지를 차감하는 방식으로 장부를 써나가는 것과 같습니다. 이렇게 되면 기록하는 과정 그 자체가 자연스럽게 지출항목별 예결산 관리로 이어지게 되어, 또다시 통계 내느라 노력과 시간을 들이지 않아도 됩니다.

예산 대비로 결산해보면 항목별로 수지균형이 플러스로 남기도 하고, 마이너스로 적자가 되기도 합니다. 이것은 다른 지출항목과 뒤섞지 않고 그대로 다음 달 같은 예산 항목에 반영합니다. 즉, 이번 달 생활비가 마이너스면 다음 달 예산에 '전월이월금'으로 반영해서 그만큼 예산이 차감되는 것입니다. 반대로 이번 달 생활비가 남았다면 다음 달 생활비는 그만큼 더 풍족해지는 셈이죠.

이처럼 예산 대비 결산을 할 때는 '생활비'는 '생활비' 내에서, '자녀양육비'는 '자녀양육비' 내에서 진행합니다. 생활비가 모자란다고 자

녀양육비에서 당겨와서 마이너스 맞추고 하면 예결산이 뒤죽박죽이 되어버립니다. 나라 예산에서도 마찬가지잖아요. 교육부 예산 모자란다고 보건복지부 예산을 가져다 쓰고 그러지 않죠. 각 부서별로 적정 예산이 얼마고, 그 예산에 맞게 잘 쓰고 있는지를 점검하는 결산이니까요. 가정의 지출 항목도 마찬가지라는 점, 결산할 때 유의하시기 바랍니다.

▶ 〈변동지출표〉 작성하기 194~197쪽

④ 특수지출 및 저축 관리하기

예산을 아무리 잘 짜더라도 늘상 예기치 못한 지출이 발생하게 마련입니다. 가족 중 누가 갑자기 아파서 병원비를 급하게 쓰게 된다든지, 이사를 가게 되어 이사비용이 발생한다든지, 냉장고가 고장 나서 급하게 새로 사게 되었다든지 할 수 있잖아요. 오랫동안 준비해온 치과 치료라도 소비 예산 내에 없는 지출이므로 모두 '특수지출'로 관리하면 됩니다. '특수지출'이 생활비 통계로 반영되면, 나의 기초생활비 평균값이 갑자기 높아지게 되어 정확한 적정 생활비 파악이 어려워지게 됩니다. 따라서 '특수지출'은 해당월 〈변동지출표〉에 따라 메모해두었다가, 〈연간현황표〉에 있는 해당월 항목에 별도로 기입하시면 됩니다.

저축도 마찬가지입니다. 저축하느라고 돈은 엄연히 계속 빠져 나가지만, 실제로 지출은 아니니까요. 결론적으로 저축은 '지출'은 아니지만, 이번 달에 빠져 나간 돈이 되어 '수지균형' 결과에 반영됩니다. 즉,

수지균형이 마이너스 10만 원인데 저축이 20만 원이라면, 결국 빚내서 저축하는 셈이라는 결과가 나오게 되는 거죠. 이럴 땐 저축을 잠시 중단하고 지출관리부터 체계화시켜 마이너스가 발생하지 않는 범위에서 저축을 할 수 있도록 조언합니다.

〈소비예산표〉 사례

월평균 소득액	4,000,000

➤ 소득이 일정하지 않다면 대략 평균소득액을 적으면 됩니다.

월간 지출액	2,297,426

➤ 아래 적은 8가지 항목별 월간 비용을 모두 합산해보면 됩니다.

1. 고정 비용

예산항목	월간예산	연간예산
관리비	180,000	420,000
가스요금	32,000	384,000
인터넷+전화	35,000	420,000
전기요금	282,000	3,384,000
보험료	1,000	12,000
주민세		
총계	**530,000**	**4,620,000**

2. 건강한 일상생활

예산항목	월간예산	연간예산
식비	200,000	2,400,000
배달식품(우유등)	50,000	600,000
간식/기호품	50,000	600,000
생활소모품	30,000	360,000
가족 외식비	100,000	1,200,000
건강식품	25,000	300,000
병원비/약값	41,667	500,000
세탁비	20,833	250,000
각종 생활용품	12,500	150,000
총계	**530,000**	**6,360,000**

3. 풍요로운 일상생활

예산항목	월간예산	연간예산
지인 경조사	41,667	500,000
치과치료	25,000	300,000
여름 휴가	41,667	500,000
겨울 여행	41,667	500,000
총계	**150,000**	**1,800,000**

4. 자녀 육아 및 교육비

예산항목	월간예산	연간예산
어린이집	300,000	3,600,000
교재/기자재	20,000	240,000
방문교사	35,000	420,000
분유/이유식	50,000	600,000
기저귀	60,000	720,000
육아용품	40,000	480,000
자녀 의류비	16,000	20,000
자녀 신발/가방	8,333	100,000
총계	**522,999**	**6,360,000**

5. 가족의 행복

예산항목	월간예산	연간예산
설날	37,500	450,000
추석	29,167	350,000
부모님 생신	33,333	400,000
부모님 용돈	300,000	3,600,000
어버이날	8,333	100,000
어린이날	4,167	50,000
가족생일	9,167	110,000
친인척 경조사	23,333	200,000
가족회비	30,000	360,000
성탄절	4,167	50,000
총계	**479,167**	**5,670,000**

➤ 월간 비용을 중심으로 합산해주세요. 연간 단위로 드는 비용은 '연간비용'에 쓴 후 월간비용으로 환산하여 월합계로 합산해주세요.

월간 저축액	350,000
월대출상환액	625,000

월간 수지차: 월평균소득액 − (월간지출액 + 월간저축액 + 월대출상환액)

월간 수지차	27,574

➤ 수지차 흑자상태 : 새는 돈이 있어 체계적 돈관리 시급
➤ 수지차 적자상태 : 규모에 맞는 소비예산 수립 필요

6. 차량 관리 및 유지		
예산항목	월간예산	연간예산
주유비	70,000	840,000
차량 정비/수리	8,333	100,000
자동차보험	39,473	473,680
자동차세금	17,620	211,450
세차비용	6,667	80,000
주차비/톨비	10,000	120,000

매월 저축 계획	
저축항목	금액
적금	300,000
청약저축	50,000

총계	152,093	1,825,130
7. 남편 지출		
예산항목	월간예산	연간예산
남편 휴대폰	75,000	900,000
남편 용돈	150,000	1,800,000
남편 대중교통비	80,000	960,000
머리손질/염색	12,000	144,000
헬스	50,000	600,000
남편 의류/속옷	41,667	500,000
남편 신발/가방	10,000	120,000

총저축예산	350,000

매월 부채상환계획	
부채항목	월상환액
담보대출상환	625,000

총계	418,667	5,024,000
8. 아내지출		
예산항목	월간예산	연간예산
아내 휴대폰	65,000	780,000
아내 용돈	80,000	960,000
아내 의류/속옷	30,000	360,000
아내 신발/가방	10,000	120,000
머리손질/관리	10,000	120,000
화장품	12,500	150,000

총계	207,500	2,490,000

총부채상환예산	625,000

〈소비예산표〉

월평균 소득액	
➤ 소득이 일정하지 않다면 대략 평균소득액을 적으면 됩니다.	

월간 지출액	
➤ 아래 적은 8가지 항목별 월간 비용을 모두 합산해보면 됩니다.	

1. 고정 비용

예산항목	월간예산	연간예산
총계		

2. 건강한 일상생활

예산항목	월간예산	연간예산
총계		

3. 풍요로운 일상생활

예산항목	월간예산	연간예산
총계		

4. 자녀 육아 및 교육비

예산항목	월간예산	연간예산
총계		

5. 가족의 행복

예산항목	월간예산	연간예산
총계		

➤ 월간 비용을 중심으로 합산해주세요. 연간 단위로 드는 비용은 '연간비용'에 쓴 후 월간비용으로 환산하여 월합계로 합산해주세요.

월간 수지차: 월평균소득액 - (월간지출액 + 월간저축액 + 월대출상환액)

월간 저축액	
월대출상환액	

월간 수지차	
➤ 수지차 흑자상태 : 새는 돈이 있어 체계적 돈관리 시급
➤ 수지차 적자상태 : 규모에 맞는 소비예산 수립 필요

6. 차량 관리 및 유지		
예산항목	월간예산	연간예산
총계		

7. 남편 지출		
예산항목	월간예산	연간예산
총계		

8. 아내지출		
예산항목	월간예산	연간예산
총계		

매월 저축 계획	
저축항목	금액
총저축예산	

매월 부채상환계획	
부채항목	월상환액
총부채상환예산	

〈연간현황표〉 사례

① 수입내역

항목	수입일	1월	2월	3월	4월	5월	6월
고정수입액	25	3,800,000	3,800,000	3,800,000	3,800,000	3,800,000	3,800,000
수입내역		월급여	월급여	월급여	월급여	월급여	월급여
비정기수입1		600,000	100,000			100,000	
수입내역		상여금	상품권			아이들용돈	
비정기수입2							
수입내역							
수입 합계		4,400,000	3,800,000	3,800,000	3,800,000	3,900,000	3,800,000

② 고정지출 현황표

항목	지출일	1월	2월	3월	4월	5월	6월
관리비	5	263,000	187,000	184,000	165,000	164,000	143,000
가스요금	10	23,200	21,300	22,200	20,200	30,400	21,200
인터넷+전화	25	35,000	35,000	35,000	35,000	35,000	35,000
보장성 보험료	25	282,800	282,800	282,800	282,800	282,800	282,800
가족회비	20	30,000	30,000	30,000	30,000	30,000	30,000
부모님 용돈	25	300,000	300,000	300,000	300,000	300,000	300,000
첫째 어린이집	20	300,000	300,000	300,000	300,000	300,000	300,000
첫째 학습지	25	35,000	35,000	35,000	35,000	35,000	35,000
정수기 렌탈	25	35,500	33,500	33,600	33,500	33,500	33,500
지출 합계		1,302,500	1,224,600	1,222,600	1,201,500	1,210,700	1,180,500

	1월	2월	3월	4월	5월	6월
③ 변동지출 합계	1,695,400	1,600,120	1,787,500	1,641,480	1,542,540	1,520,710
④ 대출 상환 합계	725,000	725,000	725,000	725,000	725,000	725,000
⑤ 매월 지출액 합계	3,722,900	3,549,720	3,735,100	3,567,980	3,478,240	3,426,210
⑥ 예산 外 특수지출액				375,000		
⑦ 매월 저축액	350,000	350,000	350,000	350,000	350,000	350,000
⑧ 매월 총지출액 합계	4,072,900	3,899,720	4,085,100	4,292,980	3,828,240	3,776,210
수지균형 (수입-총지출)	327,100	280	-285,100	-492,980	71,760	23,790

7월	8월	9월	10월	11월	12월	총 수입	월평균수입액
3,800,000	3,800,000	3,800,000	3,800,000	3,800,000	3,800,000	3,800,000	3,800,000
월급여	월급여	월급여	월급여	월급여	월급여		
		600,000				1,300,000	108,333
		상여금					
3,800,000	**3,800,000**	**4,400,000**	**3,800,000**	**3,800,000**	**3,800,000**	**46,900,000**	**3,908,333**

7월	8월	9월	10월	11월	12월	총 지출	평균지출액
122,000	125,000	154,000	198,000	213,000	253,000	2,171,000	180,917
22,400	26,200	27,800	32,600	33,200	35,500	316,200	26,350
35,000	35,000	35,000	35,000	35,000	35,000	420,000	35,000
282,800	282,800	282,800	282,800	282,800	282,800	3,393,600	282,800
30,000	30,000	30,000	30,000	30,000	30,000	360,000	30,000
300,000	300,000	300,000	300,000	300,000	300,000	3,600,000	300,000
300,000	300,000	300,000	300,000	300,000	300,000	3,600,000	300,000
35,000	35,000	35,000	35,000	35,000	35,000	420,000	35,000
33,500	33,500	33,500	33,500	33,500	33,500	402,100	33,508
1,160,700	**1,167,500**	**1,198,100**	**1,246,900**	**1,262,500**	**1,304,800**	**14,682,900**	**1,223,575**

7월	8월	9월	10월	11월	12월	총 지출	평균지출액
1,578,560	1,585,610	1,665,510	1,621,410	1,738,210	1,719,730	19,696,780	1,641,398
725,000	725,000	725,000	725,000	725,000	725,000	8,700,000	725,000
3,464,260	3,478,110	3,588,610	3,593,310	3,725,710	3,749,530	43,079,680	3,589,973
		550,000				925,000	77,083
350,000	350,000	350,000	350,000	350,000	350,000	4,200,000	350,000
3,814,260	3,828,110	4,488,610	3,943,310	4,075,710	4,099,530	48,204,680	4,017,057
14,260	**-28,110**	**-88,610**	**-143,310**	**-275,710**	**-299,530**	**-1,204,680**	**-100,390**

〈연간현황표〉

① 수입내역

항목	수입일	1월	2월	3월	4월	5월	6월
고정수입액							
수입내역							
비정기수입1							
수입내역							
비정기수입2							
수입내역							
수입 합계							

② 고정지출 현황표

항목	지출일	1월	2월	3월	4월	5월	6월
지출 합계							

	1월	2월	3월	4월	5월	6월
③ 변동지출 합계						
④ 대출 상환 합계						
⑤ 매월 지출액 합계						
⑥ 예산 外 특수지출액						
⑦ 매월 저축액						
⑧ 매월 총지출액 합계						
수지균형 (수입-총지출)						

7월	8월	9월	10월	11월	12월	총 수입	월평균수입액

7월	8월	9월	10월	11월	12월	총 지출	평균지출액

〈변동지출표〉 사례

건강한 일상생활(예산)		558,000
전월이월금		25,800
날짜	내역	금액
4/1	세탁비용	8,700
4/1	음료수+간식	18,300
4/2	딸기+사과	20,000
4/3	시장보기	18,000
4/4	맥도날드	13,500
4/5	롯데마트	56,730
4/8	오렌지+장보기	27,500
4/9	떡+시장보기	66,800
4/11	애들 과자 간식	28,000
4/13	청기와 돼지갈비	82,000
4/15	야채	12,000
4/17	간식	5,800
4/19	던킨도넛	6,500
4/22	롯데마트	58,600
4/24	아이스크림	12,000
4/27	쌀+장보기	92,300
4/28	간식+튀김	13,000
4/30	롯데마트	43,350
합계		583,080
결산		720

자녀 육아 및 교육(예산)		190,000
전월이월금		-3,800,000
날짜	내역	금액
4/2	장난감	6,700
4/8	준비물	13,000
4/10	분유+물티슈	32,000
4/11	티셔츠+헤어밴드	18,900
4/18	문구류	3,300
4/23	현장학습비	15,000
4/28	기저귀	33,000
합계		121,900
결산		100

풍요로운 일상생활(예산)		158,000
전월이월금		-53,500
날짜	내역	금액
4/5	체험관 방문	25,000
4/17	혜성이네 돌잔치	50,000
4/26	찜질방	15,000
4/29	후배 딸 선물	18,000
합계		108,000
결산		-3,500

총예산			총지출금액		

가족의 행복 (예산)		150,000	남편지출 (예산)		419,000
전월이월금		300.000	전월이월금		
날짜	내역	금액	날짜	내역	금액
4/16	해물탕	35,000	4/5	용돈	150,000
4/22	꿀사서 보냄	25,000	4/5	휴대폰	76,500
4/30	동생생일	50,000	4/15	헬스	50,000
			4/25	셔츠+양말	78,500
			4/18	문구류	3,300
			4/23	현장학습비	15,000
			4/28	기저귀	33,000

합계		110,900	합계		355,000
결산		340,000	결산		64,000
차량관리 및 유지 (예산)		152,000	아내지출 (예산)		158,000
전월이월금		2,800	전월이월금		-25,000
날짜	내역	금액	날짜	내역	금액
4/6	주유비	80,000	4/7	모임(식사 커피)	25,000
4/18	주유 및 세차	75,000	4/10	화장품	38,500
4/23	와이퍼	23,500	4/11	영화+간식	27,000
			4/18	책+커피	37,500
			4/25	모임 커피	17,000
			4/25	휴대폰	40,000

합계		178,500	합계		185,000
결산		-23,700	결산		-27,500

〈변동지출표〉　　201　년　　　월　현재

(항목)		
전월이월금		
날짜	내역	금액
합계		
결산		

(항목)		
전월이월금		
날짜	내역	금액
합계		
결산		

(항목)		
전월이월금		
날짜	내역	금액
합계		
결산		

예산		총지출금액		

(항목)			(항목)		
전월이월금			전월이월금		
날짜	내역	금액	날짜	내역	금액
합계			합계		
결산			결산		

(항목)			(항목)		
전월이월금			전월이월금		
날짜	내역	금액	날짜	내역	금액
합계			합계		
결산			결산		

'지랄 총량의 법칙'과
행복
—

혹시 '지랄 총량의 법칙'을 아시나요? 김두식 변호사가 『불편해도 괜찮아』라는 책에서 설파한 것인데, 모든 인간에게는 일생 동안 쓰고 죽어야 하는 '지랄'의 총량이 정해져 있다는 법칙입니다. 어떤 사람은 그 정해진 양을 어릴 때나 사춘기 때 다 써버려서 후에 얌전하게 살기도 하고, 또 어떤 사람은 조신한 청춘을 보내다가 나중에 늦바람이 나서 그 양을 한꺼번에 소비하기도 하는데, 어쨌거나 죽기 전까진 반드시 그 양을 다 쓰게 되어 있다는군요. 누군가가 나이에 관계없이 이상한 행동을 하더라도 그게 다 자기에게 주어진 '지랄'을 쓰는 것이겠거니 생각하면 마음이 편해진다는 것입니다. 당신은 주어진 '지랄 총량'을 어떻게 소진하고 계십니까?

대다수 사람들의 '지랄'이 가장 반짝일 때가 아무래도 사춘기부터 20대 후반 정도가 아닐까 싶은데요. 에너지와 열정이 가장 불타오를 때이기도 하고, 진화생물학적으로는 '짝짓기'의 시기라서 '비효율적 과시'의 정점을 찍고 있을 때라 그렇기도 할 겁니다. 청춘이란 방황과 지랄조차 아름다울 수 있는 시기가 아니던가요. 정작 이 젊음의 특권 같은 시기를 모범생처럼 시키는 대로 얌전히 잘 보내놓고, 50세 이후부터 대차게 방황하시는 분들도 많습니다. 그런데 중년 이후의 '지랄'은 뭔가 청춘의 지랄보다 인생 과정상 리스크가 꽤 클 수도 있습니다. '지랄'

후 회복의 기간이 얼마나 주어지느냐에 따라 삶의 리스크가 달라지는 듯한데요, 같은 '지랄'도 언제 떨어주느냐에 따라 '아름다운 방황'일 수도 '위험천만한 주책과 일탈'일 수도 있습니다. 지엄한 사실은 누가 뭐라든 '지랄'은 마땅히 소진되어야 한다는 겁니다.

물론 일생에 걸쳐 골고루 조금씩 티 안 나게 '지랄'을 소진해주는 것이 가장 이상적이고도 안정적인 방법이겠지만요. 그러기 위해서는 '지피지기' 즉, 자신의 욕망을 알고 세상 돌아가는 원리를 알아야 스스로 조율할 수 있습니다. 돌이켜보자니 저 같은 경우엔 20~30대에 원 없이 제 몫의 '지랄'을 마음껏 소진했고, 그래서 오늘날의 평화(?)가 가능한 것이 아닌가 하는 생각을 하니 위로가 되기도 했습니다. 아직 다 소진한 것은 아닐 수도 있다는 인생 반전의 가능성은 언제나 존재하겠지만요.

돈도 '지랄'과 상당히 유사한 듯합니다. 우리 각자 벌고 쓸 수 있는 돈의 총량은 사람마다 일정액 정해져 있는 것 같습니다. 분에 넘치게 벌면 행복할 것 같지만 그에 따른 고통이 있고, 또 분에 넘치게 쓰면 역시 고통이 따르게 마련이죠. 결국 정해져 있다면 그 여력을 평생에 걸쳐 어떻게 배분하여 써주는 것이 좋겠느냐는 것입니다. 여기 세 가지 유형이 있습니다. 나에게 맞는 유형이 어떤 것인지 한번 골라볼까요?

① 현재 욕망이 우선시되는 초반우세형

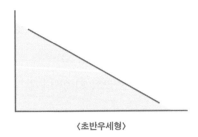

〈초반우세형〉

　말 그대로 인생 초창기에 돈이 많아서 시원하게 쓰다가 세월이 갈수록 돈이 줄어드는 형국입니다. 태어나봤더니 집이 부유했다거나, 비교적 나이 어릴 때 성공해서 일찌감치 많은 돈을 벌었다거나 하는 상황이겠죠? 요즘 일본 같은 경우는 성공 연령이 점점 낮아져서 20대에 소득의 피크를 찍어야 성공이라고 한다는 기사를 읽은 적이 있습니다. 여튼 일찍 성공할수록 누릴 수 있는 것도 더 많고 좋은 걸까요? 문제는 일찍 성공할수록 앞으로 내리막길밖에 없는 인생이 될 가능성이 높다는 데 있습니다. 애초에 차가 없었다면 소형차만 사도 지극히 행복하겠지만, 원래 중형차 타던 사람이 소형차로 바꾸면 기운 빠지는 원리와 같은 거죠. 갈수록 오늘만 못하다고 느껴지는 삶은 과연 어떤 느낌일까요?

　초반우세형이 낫다고 택한 사람들은 대개 지금의 욕망 추구가 우선인 사람들이 많습니다. 더 벌었으면 더 벌었지 가계부 쓰고 절약하고 조금씩 저축하고 하는 것은 성격상 잘 맞지 않는다는 경우가 많아요.

인생 초반부가 여유롭다면 일정 부분은 마음껏 쓰고 저축도 많이 하겠다는 포부를 밝히시는 분들도 많은데, 사람이 어디 그렇습니까. 돈이 많은데 아껴 쓰겠다니요, 없어서 못 쓰는 것보다 어렵습니다. 결핍은 인내의 어머니잖아요.

개인의 소비 수준 즉 '연비'의 높고 낮음은 다분히 성향적 문제입니다만, 인생 초창기 수입의 많고 적음이나 보유한 자산의 풍요도에 따라 습관적으로 지출규모가 결정되는 경우가 많습니다. 이변이 없는 한 초창기 경제적 여유 한도에서 자신의 소비 수준 즉 연비가 결정될 것이며, 이후 제아무리 수입이 줄어들더라도 '연비'는 생각보다 줄어들지 않는 '하방경직성'을 띨 겁니다. '소비 수준'은 누리는 삶의 질과 직결되기 때문에 쓰던 습관이 있는 사람에게 현재 줄어든 수입에 맞춰 소비를 줄이라는 것은 뼈를 깎는 고통에 비견됩니다. 비록 총량이 같더라도 초반우세형은 갈수록 삶의 행복도가 감소되는 구조가 될 수 있다는 것이 현실입니다.

② 오늘보다 나은 내일을 바라는 후반우세형

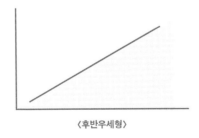

〈후반우세형〉

처음엔 궁핍했으나 뒤로 갈수록 형편이 나아져서 인생 후반기로 갈수록 씀씀이가 풍요로워질 수 있는 인생 형국이죠. 상황이 일신우일신 日新又日新하여 오늘보다 내일이, 내일보다 모레가 나아진다는 보장만 있다면 좋은 일이지요. 다만 지금 당장 혹은 인생의 황금기인 젊은 시절이 풍요롭지 못하다는 건 좀 아쉬운 일이기도 합니다.

후반우세형이 낫다고 택한 사람들은 지금 당장 경제적 상황이 어려우신 분들일 수 있죠. 갈수록 나아질 것이라는 소망이 반영된, 좀 짠한 선택일 가능성이 큽니다. 또 성향상 절제를 삶의 미덕으로 삼고 성실하게 살아가시는 분들인 경우도 많습니다. 이변이 없는 한 이런 분들은 세월 속에서 꾸준히 축적해 나이가 들수록 형편이 나아지겠죠. 나이도 무시할 수 없는 것이 젊을수록 초반우세형을 선호할 것이고, 연령대가 높을수록 후반우세형을 선호할 수 있다는 것은 어찌 보면 당연한 일이겠죠. 오늘보다 내일이, 내일보다 한 달 후, 일 년 후, 십 년 후가 더 나을 것이라는 확신과 기대를 안고 산다면 오늘의 삶이 이처럼 팍팍하진 않을 텐데요. 일체유심조一切唯心造, 즉 모든 것은 오로지 마음이 지어내는 것이라고, 지금껏 경제적 여유가 없으셨던 분들은 '시작은 미약하였으나 그 끝은 창대하리라'는 후반우세형 삶에 대한 강한 신념을 가지고 사는 것도 좋지 않을까 싶습니다. 총량은 같아도 매일매일 형편이 더 나아지는 삶이라면 하루하루 행복감이 더욱 커지겠지요.

③ 안정되지만 재미는 덜한 평생균일형

〈평생균일형〉

　말 그대로 일정량의 돈이 평생에 걸쳐 비슷하게 주어지고 또 그에 맞게 평생을 쓰고 사는 초절정 안정 지향 형국입니다. 재산의 많고 적음을 떠나 지속적인 현금흐름을 유지한다는 것은 근본적인 안정과 생계의 자유를 의미합니다. 일정 수입을 오래 보장 받는 직업에 종사한다든가, 스스로 그런 현금흐름이 가능하도록 시스템을 구축한다든가, 부유한 집안의 사람과 결혼을 함으로써 숟가락을 얹는 방법 등이 있을 것입니다. 그러나 세상 참 공평한 것이, 등락폭이 적다는 건 안정감을 주는 대신, 삶이 평탄하여 '재미'가 없다는 걸 뜻하는 것이기도 하겠죠. 다이내믹한 변화를 추구하자니 안정감이 떨어지고, 안정을 추구하자니 삶이 평이해지고 조심스러워집니다.

　총량이 같다면 어떤 배분 방식이 삶의 질을 높여줄지는 자신의 성향에 따라 다를 것입니다. 다만 현실에서는 내 성향과 관계없이 특정 상황에 놓이게 될 것이고, 내겐 그리 선택의 여지가 없을지도 모르겠습니다. 내가 처한 상황과 나의 성향이 불일치하는 데서 고통이 시작되는 거잖아요. 그러나 이제부터가 시작입니다. 내가 처한 상황이 어떤지, 그리고 나의 성향이 어떤지를 파악해 이제부터 그에 걸맞은 균형을 맞춰갈 기회가 남아 있으니까요. 스스로 자신에게 주어진 총량을 배분하고 이에 맞게 잘 쓰는 삶은 과연 어떤 모습일까요?

3부

돈과 내 삶의 미래

6장

돈을 잘 쓴다는 것

물건 이상의 가치를 얻는
소비

—

　한부모인 P씨는 이것저것 하고 싶은 것도 많고 갖고 싶은 것도 많은 호기심쟁이 아들이 부담스럽기만 합니다. 없는 살림인데 제주도로 여행 가자고 조르질 않나, 비싼 자전거를 사달라고 애원하질 않나. 그럴 때마다 아들에게 우리 형편상 원하는 대로 다 해줄 수 없다고 이야기할 수밖에 없는 자신의 처지가 원망스럽고 불편합니다. 하도 애걸복걸해서 어쩌다 큰맘 먹고 사줘도 소중하게 잘 챙기지 않고 잃어버리기 일쑤라서 또 아들을 한바탕 야단치게 되니 차라리 안 사 주는 것이 속 편하기도 합니다. 비단 한부모라서가 아니죠. 많은 엄마들은 습관적으로

'돈이 없다'고 이야기하며 아이들의 빗발치는 요구를 묵살하는 경우가 많습니다. 해달라는 대로 다 해주게 되면 버릇이 나빠질 우려가 있기 때문이기도 하고요. 이제 열두 살인 K군은 그런 엄마에게 불만이 많습니다.

> K군 : 엄마는 저를 전혀 사랑하시지 않아요.
> 상담사 : 왜 그렇게 생각하는데?
> K군 : 뭐 사달라고 하면 늘 돈이 없대요. 하나도 안 사줘요.
> 상담사 : 설마 엄마가 안 사주시려고 그러시는 거겠어? 사주고 싶어도 사줄 형편이 안 되시는 엄마 마음이 오죽하겠니.
> K군 : 그렇지 않아요. 우리 엄마는 매일매일 홈쇼핑 보면서 물건들을 마구 산단 말이에요!

저는 할 말을 잃었습니다. K군 눈에 비친 엄마는 자신을 위한 쇼핑을 맘껏 하면서도 아들을 위해서는 돈을 아끼는 이상한 사람이었습니다. 이 이야기를 전해 들은 P씨는 눈물을 왈칵 쏟았습니다. 돈을 쓰는 주체야 엄마지만, 그 소비가 엄마를 위한 것인지, 가족들 모두 위한 것인지는 소비의 목적에 따라 달라질 수밖에 없다는 걸 과연 아이가 이해할 수 있을까요. 이런 의혹(?)은 비단 아이만이 갖는 문제가 아닙니다. 외벌이 부부의 경우 많은 남편들도 '재정 집행자' 아내에 대해 비슷한 의구심을 갖고 있는 경우가 많습니다.

우선 P씨는 어디에 얼마가 들어가는지 한 달 지출 내역을 주욱 정리했습니다. 돈 들어갈 곳이 얼마나 많은지 비로소 알게 되었습니다. 생활비가 얼마나 빠듯한지 살림하는 사람만 알고 있어서는 가족들과 소통이 어렵습니다. 그저 결과만 놓고 돈 부족하다, 아껴 쓰고 살아야 한다 이야기해봐야 잔소리만 되죠. 지출 내역별로 정리해서 실제로 숫자가 보이도록 써놔야 가족들도 보고 비로소 생활비 개념을 이해하게 됩니다. 통신비, 식비, 교통비 하나하나 푼돈인 듯해도 모두 모이면 얼마나 큰 비용이 되는지를 알게 됩니다.

아들이 자전거를 사달라고 했을 때 예전처럼 '돈이 어딨냐'며 안 된다고 하기보다, 정리된 한 달 지출 내역을 보여주며 대화를 시도했습니다. 현재 가진 돈은 없지만 일단 방법을 의논해보고 찾아보자는 겁니다. 자전거가 얼마냐고 묻자, K군은 물어물어 25만 원 정도 된다고 합니다. 지출 항목을 함께 보며 지금 이렇게 딱 맞게 돈을 쓰며 살고 있는데, 이 중 어떤 것 하나를 안 하고 돈을 남겨서 모아야만 자전거를 살 수 있다고 설명했습니다. 둘은 머리를 맞대고 열심히 의논한 끝에 '간식비' 월 3만 원을 안 쓰고 자전거를 사기 위해 모으기로 결정했습니다. 25만 원이면 8개월 이상은 간식을 먹지 않아야 모을 수 있는 돈입니다. 안 그래도 너무 과자만 찾고 밥도 잘 안 먹으려 하는 게 문제였는데 잘 되었다 싶고, 과연 아들이 자전거를 사기 위해 간식 안 먹고 참아낼 수 있을까 궁금하기도 했다고 합니다. 4개월째 K군은 마침 설날에 받은 세뱃돈을 자발적으로 자전거 펀드(?)에 급수혈함으로써 애초 예정보다

3개월 앞당겨진 5개월 만에 원하던 자전거를 살 수 있었습니다.

그 어떤 물건을 샀을 때보다 환하게 기뻐하는 아들의 모습에서 P
씨는 큰 보람을 느꼈다고 했습니다. 무엇보다 큰 기쁨은 아들의 변화였
습니다. 뭘 사든 경제 개념이라고는 없는 듯 그저 정신없이 잃어버리기
일쑤였던 아들이 자전거에 대한 애착을 보이며 스스로 닦고 관리하고
챙기는 모습을 보이기 시작했습니다. 무언가를 사고 싶으면 간식을 몇
달치 참으면 할 수 있는 것인지를 기준으로 싸다 비싸다의 개념도 이해
하기 시작했다고 합니다.

K군에게 자전거는 이제 단순한 자전거가 아닙니다. 빠듯하게 정
해진 부족한 살림에도 불구하고 엄마랑 의논해서 일부러 '간식'을 참고
구입한 추억이 담긴 물건입니다. 평상시면 그냥 어디론가 없어져버리
는 세뱃돈이 소중한 자전거 사는 데 확실히 쓰여서 구체적인 보람을 느
낄 수 있게 되었습니다. 25만 원으로 단지 자전거만 사주는 것은 어쩌
면 매우 가난한 소비입니다. 심지어 자녀가 자전거를 사달라자마자 카
드 할부씩이나 긁어서 빚내어 추가 이자비용까지 내가며 즉시 사주기
도 합니다. 아이는 더 좋은 자전거를 탈 수 없다는 사실을 불행하게 여
길 수도 있습니다. 어떤 방법으로 자전거를 사주는지는 각자의 성향과
생각에 따라 다르지만, 분명 우리는 소비의 과정을 통해 물건과 더불어
소중한 추억과 이야기, 그리고 서로의 마음까지도 얻을 수 있습니다.
'잘 쓰기'란 물건 그 이상의 가치를 얻는 소비 습관입니다.

돈 대신
아이들과 함께할 시간을 택한 부부
–

M씨는 지난 해 결혼 20년 만에 처음으로 내 집 마련에 성공했다고
합니다. 비록 서울 외곽 작은 평형대의 오래된 주공아파트라 5인 가족
이 함께 살기에는 좁은 편이지만, 온 가족의 기쁨은 이루 말하기 어려
울 정도였다고 합니다. 가구나 가전제품 등 갖고 있는 게 별로 없기 때
문에 오히려 충분히 넓다는 생각이 들 정도였다고 하네요.

"저희가 아이가 셋이다 보니 참으로 돈 모으기가 쉽지 않더라고요.
정말 온 가족이 합심해서 절약하고 살았기 때문에 뭐 하나 제대로 구비
하고 산 적이 없어요. 내 집 한 칸 마련할 수 있었던 건 누구보다 제 아
내의 공이 크죠. 누린 것 없이 고생 많았거든요."

M씨는 젊은 시절부터 보일러를 설치하거나 수리하는 일을 하며
살아왔습니다. 수입은 비교적 꾸준한 편이긴 하나 2백만 원 조금 넘게
번 지 이제 5년 정도밖에 안 되었다 하니 고소득자는 아닌 거죠. 휴일,
밤일 따지지 않고 일하면야 돈을 좀 더 벌 수 있을지도 모르지만, M씨
는 항상 6시가 되면 정시 퇴근을 합니다. 두 딸 그리고 막내 아들이 세
상에서 가장 소중한 보물이기 때문입니다.

"저희 부부는 돈 많이 버는 데 욕심 낸 적 없어요. 결혼하고부터 쭉
전 6시에 퇴근하고 휴일엔 반드시 쉬면서 집도 여기저기 손보고 아이
들과 시간을 같이 보냈어요. 제가 애들을 너무 좋아하거든요. 사실 열

심히 일하고 돈 버는 이유도 다 애들과 가족 때문이잖아요. 그런데 너무 돈돈 하다가 정작 가족들과 같이 보낼 시간이 없어서 어느 순간 사이가 멀어지게 되는 친구들도 많아요. 그건 말도 안 되는 일인 거 같아서 제가 아내에게 말했죠. 난 무조건 정시에 퇴근해서 애들하고 지낼 거다, 그러니 큰 돈 벌이는 기대하지도 말아라. 하하하."

물론 아내도 M씨의 계획에 흔쾌히 동의했다고 합니다. 부부는 적게 버는 대신 정해놓고 그 안에서만 쓰고 살기로 결정했다고 해요. 웬만하면 안 사고 안 입었고, 외식은 거의 해본 일이 없답니다. 결혼할 때 장만한 냉장고 세탁기가 가진 가전제품의 전부인데 이젠 고장 나도 부품이 없어 수리할 수 없을 지경이라고 합니다. 그래도 M씨가 수리공이다 보니 이렇게 저렇게 대충 고쳐서 앞으로도 10년은 너끈하게 쓸 수 있을 것 같다며 부부는 웃습니다.

"저희도 마냥 알뜰하기만 한 건 아녜요. 재작년이었던가, 여름이 너무 습하고 무더웠던 때 우리 살던 빌라가 너무 더워 가족 모두 한동안 밖에 나와 밤을 보낸 적이 있었어요. 그러던 어느 날은 정말 욕 나올 정도로 더워서 에어컨 하나 사야겠단 생각이 절로 들더라고요. 가족들 다 데리고 ○○마트에 가서 에어컨도 둘러보고 시원하게 이것저것 구경도 했죠. 그러곤 결심했어요. 그래 사람이 뭐 그렇게 아등바등 아끼고 사냐. 에어컨 하나 정도 들여놓고 산다고 뭐 큰일 나겠어?"

다른 사람 같았으면 그 자리에서 곧바로 에어컨을 사서 들여놨을 테지만 M씨 가족은 여기서 달랐습니다. '사야겠다'고 결심한 그 순간부터 돈을 모으기 시작한 것입니다. 신용카드를 쓴다거나 빚을 내는 것에 대해 금기시하는 성향 때문에 M씨 가족에겐 절대로 돈이 없는 상태에서 뭔가를 외상으로 산다는 것은 생각할 수도 없는 일이었습니다.

에어컨 대신
김치냉장고를 산 이유
—

"한 6개월 모으니까 얼추 150만 원 정도 모이더라고요. 돈이 모이니까 막상 더위는 다 지나간 상태고. 사람이 참 간사해서 당장 덥지 않으니까 에어컨을 사는 게 조금 망설여지데요. 그래서 가족들끼리 의논을 해봤죠. 이 돈으로 에어컨 살까 아니면 다른 더 좋은 게 있을까?"

결국 가족들 의견은 아내의 강력한 주장에 힘입어 '김치냉장고' 사는 게 더 낫겠다는 결론으로 수렴되었습니다. 맛있는 김치를 먹을 수 있다는 건 가족들로서도 솔깃한 일이었던 것이죠. 찬찬히 생각해보니 전세 사는 집에 에어컨을 설치하려면 창가에 구멍을 내야 하는 등 실외기 설치 때문에 큰 공사가 이어집니다. 집주인에게도 양해를 구해야 하고 또 이사 나갈 때 원상복구도 해야 하니 여간 신경 쓰이는 게 아니죠. 게다가 이사 갈 때 에어컨 철거 및 재설치는 별도의 비용이 발생됩니다. 옆집 얘길 들어보니 정작 에어컨을 사더라도 맘껏 시원하게 켤 수도 없더랍니다. 그도 그럴 것이 전기요금이 많이 나오기 때문이죠. 옆

집 꼬마가 "우리 엄만 참 이상해요. 에어컨 사놓구선 못 켜게 해요. 그럴 거면 왜 산 건지 모르겠어요."라고 하는 말을 듣고 생각을 다시 해보게 되었다고 합니다. 1년 중 정말 에어컨을 켜는 시간이 얼마 정도 될까요. 그 며칠 몇 시간 동안의 더위 때문에 이래저래 들어가는 각종 고정비용을 생각해보니 왠지 다시 생각해보길 잘했다는 생각에 흐뭇했다고 합니다.

에어컨 대신 김치냉장고를 사니 30만 원 정도 돈이 남았고, 그 돈으로 성능이 괜찮아 보이는 냉풍기를 한 대 샀습니다. 그러고도 남는 돈으로 가족 모두 전례 없는 외식을 했다고 합니다. 그날 너무 즐거워하는 아이들과 아내를 보면서 괜스레 부자가 된 것 같은 생각이 들었다는데요. 다같이 '여름은 더워야 제맛'이라며 웃었다고 하네요.

"저희는 정해놓고 쓰기 때문에 이렇게 예산을 정한 데서 돈이 남게 되면 곧바로 여유자금이 돼요. 지금까지는 남는 돈도 나중을 위해 일단 모았었는데 지금은 가끔 외식으로 기분 내기도 합니다."

너무 절약하고 살면 아이들이 기가 죽진 않을까요. 요즘처럼 너무 좋은 물건들이 넘쳐나는 세상에서 M씨 부부야 그렇다 처도 한창 자라나는 아이들은 현재 그러한 혜택들을 충분히 누리며 살고 싶은 생각이 간절하지는 않을까요.

"저는 아이들에게 항상 이야기합니다. 세상에 안 되는 건 없다, 다 할 수 있다고요. 그저 지금 당장 모두 다 할 수가 없을 뿐입니다. 뭔가가 사고 싶으면 그때부터 돈을 모으기 시작합니다. 1만 원이든 2만 원이든 그냥 시작할 수 있는 금액으로 모아요. 그래서 돈이 모일 때까지 이리저리 알아보며 가장 괜찮은 물건과 적정 가격을 알아냅니다. 때론 시간이 지나면서 생각보다 그 물건이 그리 필요하지 않을 때도 많아요. 안사면 돈이 굳는 거고, 또 다른 필요한 걸 알아봐서 사기도 하구요. 우리 가족은 굉장히 쪼들린다거나 너무 구질구질하다거나 그렇게 구두쇠처럼 살지 않습니다. 오히려 어떤 땐 좋은 집에 살면서 매일매일 빚에 시달려 헉헉대는 친구 놈들에 비해 우리가 더 넉넉하게 사는 게 아닌가 하는 생각도 듭니다."

우리가 지금 누리기로 결정하였기에 포기하게 된 것들이 무엇인지 생각해보게 되었습니다. 누구도 '황금알을 낳는 거위'를 가지고 있지 않죠. 경제란 결국 우선순위에 따른 한정된 재화의 배분의 문제이므로, M씨 가족은 풍요 속에서 오히려 더 곤궁해진 우리의 삶을 돌아볼 수 있는 계기를 제공해줍니다. 당장 소비가 아니라 지연된 소비, 나 홀로 소비가 아니라 가족 구성원의 합의된 소비는 '잘 쓰기'의 또 다른 형태였습니다.

기부, 나보다 잘 쓰는 사람에게 돈을 보내는 것

—

초등학생 아들을 둔 가정주부 B씨는 아들의 느닷없는 질문에 종종 당황하곤 합니다. 학교에서 돌아오는 길에 어떤 할머니께서 짐이 가득한 리어카를 힘겹게 끌고 계시는 걸 보고 달려가서 뒤에서 밀어드렸다는 아들의 말에 B씨는 잘했다고 칭찬해주었습니다. 그런데 할머니가 너무 고마워하시며 주머니에서 5천 원을 꺼내 주시더라는 것이었습니다.

> 엄마 : 그래서 어떻게 했어? 돈을 받았어? 받지 말지……
>
> 아들 : 나도 안 받으려 했지. 그런데도 아이스크림이라도 사먹으라고 한사코 손에 쥐여주시는 거야. 엄마. 이럴 땐 받아도 되나?
>
> 엄마 : 뭐, 어른이 그렇게까지 주시려고 하면 너무 거절하는 것도 예의는 아니긴 하지. 그래서 어떻게 했어?
>
> 아들 : 응. 어쩔 수 없이 받았어. 감사하다고 인사도 드렸어.
>
> 엄마 : 잘했네. 그래서 아이스크림 사먹었어?
>
> 아들 : 아니…… 이상하게 그럴 수가 없었어.

아들은 꼬깃꼬깃한 5천 원을 내밀면서 엄마에게 물었습니다. 할머니께서 너무 힘들게 버신 돈을 주셨는데, 이 돈으로 뭘 하는 게 가장 좋은 일인지를 말이죠. 엄마는 말문이 막혔습니다. 5천 원을 어떻게 쓰는 게 가장 값지게 쓰는 일일까요? 아무리 고민해봐도 아들에게 대답해줄 묘안이 떠오르지 않았습니다.

그렇게 며칠이 지나고 B씨는 아들로부터 결국 그 5천 원을 어떻게 썼는지 들을 수 있었습니다. 아들은 활짝 웃으며 말했습니다. 학교 선생님께도, 교회 목사님께도, 동네 할아버지께도 같은 질문을 드렸는데, 목사님께서 더 필요한 누군가가 쓸 수 있도록 하는 것이 좋지 않겠냐고 하시며, 교회에서도 봉사 중인 어르신 급식소를 안내해주셨다고 합니다.

> 아들 : 제가 낸 5천 원으로 두 분 정도의 어르신이 그날 식사를 하실 수 있으셨대요. 엄마.
> 엄마 : 그랬구나. 네가 필요한 것을 사는 것보다 그게 더 좋았어?
> 아들 : 저 한 사람보다 더 많은 사람이 기쁠 수 있다면 그게 돈을 주신 할머니를 가장 기쁘게 해드리는 방법 같았어요.

우리는 원래 돈에 대해 이런 마음을 가졌던 존재들이었을까요? 할머니가 힘들게 번 돈을 함부로 써버릴 수가 없다는 진심, 돈을 잘 써서 주신 할머니를 기쁘게 해드리고 싶다는 진심이 너무 예쁘지 않습니까? 내가 쓰는 것보다 기부를 하는 것이 더 값지다는 단순 편리한 결론은 아닙니다. 같은 돈이라도 좀더 가치 있게 쓴다는 것은 훨씬 더 어려운 문제거든요. '기부'란 어쩌면 내가 쓰는 것보다 더 잘 쓰는 누군가에게 그 돈을 보내는 일이 아닐까 싶습니다.

다음은 한겨레신문 허재현 기자의 경험담입니다.

예전에 반값등록금을 요구하며 집회 참석한 대학생들에게 정부가 벌금 폭탄을 안긴 적이 있다. 등록금 좀 줄여보자고 집회 나갔는데 수백만 원의 벌금(총 1억 규모)을 떠안게 된 대학생들. 사연이 너무 딱했고 이걸 기사로 썼다. 이 기사를 본 한 원로 독지가께서 연락을 해오셨다. 1억을 내게 맡기셨다. 그 돈을 모두 학생들에게 전해주고 벌금 문제를 해결했다. 기분이 너무 좋았다.

한 독지가가 얼마 전 연락을 해왔다. 평소 내 보도를 눈여겨봐왔던 분이란다. 자신에게 2천만 원이 있으니 어려운 형편의 대학생 열 명에게 등록금으로 써달라고 했다. 지난 보름간 열 명의 대학생을 선별해 독지가에게 연결해드렸다. 개학은 코앞인데 등록금이 없어 발을 동동 구르던 학생들에게 단비 같은 선물이 오늘 전해졌다. 오늘 난 너무 기분이 좋다.

한겨레에 근무하면 경제적으로 가난하다. 아마 내가 나이 먹어서도 가난에서 벗어나진 못할 것 같다. 괜찮다. 알고 입사한 거다. 대신 마음이 무진장 부자다. 오늘 난 백만장자가 된 기분이다.

주변이 불행하지 않아야
나도 안녕할 수 있다

—

그래서 내가 버는 돈, 오롯이 다 내 돈이 아닌 겁니다. 내가 쓰는 돈과 내 주변 사람들을 위해 쓰는 돈의 균형적 배분이 필요합니다. 남을 위해 무조건 많이 써야 행복하다는 것도 아닙니다. 그저 10%가 되었든 20%가 되었든 내 수입에는 타인을 위한 특정 비율을 정해둘 필요가 있다는 거죠. 주변이 불행하지 않아야 나의 안녕도 보장될 수 있다는 것, 그래서 타인을 위한 비용 배분은 불가피하다는 것입니다. 그 정해진 여력 내에서 최선을 다해 가치 있게 잘 쓰기를 고민하는 과정부터가 행복을 늘리는 방식임을 초등학생에게서 배웁니다.

너무 적게 벌어서 잘 쓰기를 고민할 여력이 없다고요? 내 최소한의 필요를 채우기도 벅차서 가치 있는 소비를 생각할 여유가 없다고요? 이 질문의 순서를 뒤바꾸어볼까요? 잘 쓰기를 고민하지 않는다면 돈 벌이의 동기부여가 조금은 덜 절실해지지 않을까요? 잘 쓰기를 고민하지 않기 때문에 갈수록 내 최소한의 필요조차 채우기 어려워지는 것은 아닐까요? 잘 쓰는 보람은 건강하게 잘 버는 데 핵심적인 동기부여 요소입니다.

자신의 필요와 욕망 채우기에만 급급한 애정결핍성 소비는 끝없는 자기 과시적 소비를 '필요소비'로 부추겨 계속 더 돈 부족에 시달리게 합니다. 내 시간과 에너지와 돈을 소중한 타인에게 기꺼이 사용해야만 타인의 진심을 얻을 수 있습니다. 좋은 관계란 그렇게 최선을 다해야 얻어지는 소중한 삶의 선물이잖아요. 아무리 멋지게 나를 치장한다 해도 타인의 진심을 얻기란 어려운 일이니까요. 더불어 어울려 살아가는 것을 느끼면서 소중한 타인을 위해 내가 번 돈의 일정 몫을 챙겨두는 일

은 나의 건강과 내가 속한 사회의 건강을 두루 도모하는 '잘 쓰기'의 또
다른 모습입니다.

7장
돈에서 자유롭기 위해
더 생각해볼 문제

절약을 강요 받게 될
미래 생존법

–

'풍요의 시대'라 불리는 지금이지만, 여전히 절대적 자원 부족과 결핍으로 고통 받는 사람들이 우리 주위에 많습니다. 가난하고 배고팠던 '결핍의 시대'를 더불어 어렵게 사는 것보다, '풍요의 시대'에 나 홀로 가난하게 사는 것이 훨씬 더 체감 고통이 크게 느껴집니다. 여전히 전쟁과 테러, 부정부패로 인한 부익부 빈익빈의 사회 구조적 문제 등 빈곤은 갈수록 심각한 문제가 되고 있죠. 게다가 폭증하는 인구 대비 빠르게 소진되어가는 식량자원, 에너지자원 고갈로 우리는 묵시록적인 미래를 바라보고 있습니다. 부자건 가난한 사람이건 우리 누구에게나 선택의 여지가 별로 없는 것입니다.

　2013년 한국의 '환경위기시계'가 가리키는 시간은 '9시31분'입니다. '환경위기시계'가 뭐냐고요? 지난 1992년부터 환경재단과 일본 환경단체인 아사히그라스 재단이 전 세계 90여 개국의 정부, 지방자치단체, NGO, 학계, 기업 등의 환경전문가를 대상으로 매년 한 차례 설문조사를 실시해 전문가들이 느끼는 인류생존 위기감을 시간으로 표시하는 것입니다. 그렇게 함으로써 지구환경의 악화 정도를 나타내어 세상에 환경파괴에 대한 경각심을 불러일으키고 있습니다. 환경위기시계는 '00:01~03:00 → 불안하지 않음, 03:01~06:00 → 조금 불안함, 06:01~09:00 → 꽤 불안함, 09:01~12:00 → 매우 불안함'으로 구분해 표시하는데요, 12시는 '인류생존이 불가능한 마지막 시간', 즉 '인류의 멸망시각'을 의미합니다. 안타깝게도 현재 스코어 거의 모든 대륙은 '매우 불안함' 상태입니다.

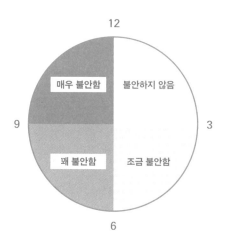

기후변화에 따른 이상기온 및 기상이변, 생물다양성 파괴로 인한 생물 멸종의 가속화, 무분별한 개발로 인한 자연 파괴, 미세먼지 범람 및 대기 오염, 깨끗한 물 감소와 고갈, 토지나 해양 등지에서 채집 남획 포획 등으로 식량 공급량 감소, 에너지 과소비 기반의 무분별한 생활방식, 과도한 탄소배출로 인한 지구온난화, 파괴된 환경의 경제적 고비용화, 개인과 사회의 환경의식 및 환경교육 부재 등이 핵심 이슈인데요, 모르는 바 아니지만 생각만 해도 심란합니다. 대체 인간들이 그 동안 지구에 뭔 짓을 한 겁니까!

　그런데 조금만 생각해보면 우리가 무작정 파괴를 일삼고 있는 것은 아니라는 데 더 큰 딜레마가 있습니다. 우린 그저 생존할 따름입니다. 다만 감당할 수 없이 폭발적으로 증가하는 인간 개체가 이미 일정 정도의 불가피한 환경 파괴를 전제하고 있다는 것이죠. 우리는 광합성을 하고 사는 독립 영양 존재가 아니므로 생존을 위해 다른 생물과 자원을 취해야 합니다. 끊임없이 식물을 뜯어먹고 동물을 잡아먹어야 하죠. 겨울에 얼어 죽지 않기 위해 불을 때야 하고, 여름에 말라 죽지 않기 위해 전기를 사용해야 합니다. 파마도 해야 하고 염색도 해야 하고 빨래도 해야 합니다. 필요한 물건들을 생산하고, 먹고 사는 돈을 마련하기 위해서 공장은 계속 멈추지 말고 돌아가야 하고, 누가 사든 안 사든 생산은 계속되어야 합니다.

　살기 위해 파괴가 불가피하다면, 우리는 겸손해져야만 합니다. 있는 듯 없는 듯 가급적 천천히, 덜 파괴할 수 있는 방법을 모색해야만 우리 인류라는 종족은 계속 이곳 지구에서 생존할 수 있을 겁니다. 놀랍게도 거대한 자연은 스스로 훌륭한 복원 능력을 가지고 있어서, 우리 미물 따위가 살자고 저지르는 '파괴의 불가피성'은 자애롭게 용서되고 생존의 거대한 위협이 되진 않았습니다. 적어도 지금까지는 그래왔던 것 같습니다.

개가 죽을 때까지
개벼룩이 피를 빤다면

『달러』(엘렌 호지스 브라운 저, 이른아침 펴냄)라는 책을 보면 개벼룩 이야기가 나옵니다. 개벼룩은 개의 피를 빨아먹고 삽니다. 그렇게 태어나서 그렇게 살 수밖에 없는 게 개벼룩의 운명이지요. 자애로우신 창조주는 개가 살아 있는 한 피를 계속 생성시켜 개벼룩이라는 존재와의 상생이 가능하도록 조화로운 질서를 설계하셨습니다. 그런데 일부 개벼룩의 탐욕이나 개벼룩끼리의 과시경쟁 등으로 조화의 질서가 무너져서 필요 이상으로 개의 피를 빨아먹게 된다면, 개의 생명은 치명적인 위험에 빠질 수 있습니다. 개가 아프거나 죽게 되면 자연스럽게 개벼룩의 생존 또한 위험해집니다. 그럼에도 불구하고 계속 더 많은 개의 피를 빨아댄다면 개와 개벼룩의 운명은 더불어 죽고 마는 불상사로 끝맺게 될 것이 뻔합니다.

개와 개벼룩의 종말은 비극일까요? 그냥 순리입니다. 당장 눈앞의 것만 보는 존재가 맞이하게 될 뻔한 운명 같은 것이죠. 인간이 개벼룩보다는 나은 영장류라면, 발달된 사고와 지적 능력으로 당장 눈앞의 이익 그 너머를 볼 줄 알아야 할 것입니다. 윤리와 도덕은 우리에게 지금 모든 것을 다 욕심껏 하지 말고 절제할 것을 가르칩니다. 그러나 불행히 지금의 시대는 욕망을 긍정하고 지금 당장 이를 열심히 확장하고 충족하는 것의 정당성을 가르칩니다. 그것이 경제적 이득, 즉 돈 벌이에 훨씬 도움이 되기 때문입니다.

아무리 우리가 돈이면 뭐든 다 할 수 있는 자본주의 시대를 살고 있다지만, 생존에 필수불가결한 물이나 토양 그리고 식량 등의 기초 자원이 오염되거나 부족해지면 억만금의 돈을 갖고 있다 한들 어떻게 회복시켜볼 도리가 없다는 거, 그냥 상식 아닙니까. 그런데 우리 영장류가 지금 벌이고 있는 일들은 생각 없는 개벼룩과 같습니다. 돈 벌자고 산이고 들이고 강이고 바다고 마구마구 필요 이상으로 파괴하고 더럽히고 있습니다. 개발과 생산 그리고 발전이라는 이름으로 말이죠. 어떻게 막을 수조차 없습니다. 내가 샴푸 덜 쓰고, 물 아끼고, 전기 아끼고, 쓰레기 덜 버려서 해결될 수 있는 문제라면 좋겠습니다. 나는 결단코 파괴자가 아니며, 쟤들이 문제라고 우긴다 한들 무슨 소용입니까. 우리는 분명 서로 다른 존재들인지라 각자의 삶을 도모하면 그만인 줄 알았는데, 발 아래를 내려다보니 굵은 쇠사슬 같은 걸로 모두의 발목이 얽히고 설켜 모조리 연결되어 있는 느낌입니다. 공존공생共存共生이냐 공도

동망共倒同亡이냐는 결국 우리의 피할 수 없는 선택과도 같습니다.

　무력감에 통탄하며 세상 걱정에 잠 못 이루자고 이런 얘길 하는 것이 아닙니다. 하긴 우리가 걱정한다고 해봐야 하루이틀이긴 하지만요. 세상의 모든 현상을 제아무리 준엄하게 문제시한다 해도 이 복잡다단한 세상이 내 생각대로 깔끔하게 해결되리란 거의 불가능한 일이니까요. 한 가지 분명한 사실은 말이죠, 이변이 없는 한 이 지경에서 '물질적 풍요와 무한한 부의 가능성'을 줄창 떠들어대는 것은 파렴치한 왕뻥 개뻥이란 겁니다. 뭔가 공포스런 몰락 말고 지속가능한 성장의 묘수는 없을까를 모색하는 것 자체가 '자기기만' 아닐까 싶어요. 지금 미친 개벼룩이 되어가는 우리들은 '성장'은커녕 지구에 대한 '최소한'의 영향력 행사를 위한 순환적 시스템 설계를 고민해야 하지 않을까 싶은데 말이죠. 순리대로 예측해보자면, 우리의 미래는 물론 우리 자손의 미래에는 몸에 '절약'이 습관처럼 배어 있지 않으면 살기 어려운 세상이 올 거란 얘기입니다.

고쳐 쓰기보다 새로 사는 게 편리한 세상

—

　세계적으로 선풍적인 인기를 끌고 있는 애플의 아이폰, 아이패드 시리즈는 생산 과정에서 다양한 문제들을 낳고 있습니다. 주요 생산처인 중국 하청 공장들은 하루 평균 12~16시간 이상의 작업으로 풀가동 되고 있고, 공장 근로자들은 심각한 노동 착취를 당하고 있다는 폭로가 빈번합니다. 생산 과정에서 유독한 화학물질을 사용하기 때문에 제품의 생산 및 제조에 참여하는 많은 사람들이 심각한 고통을 호소하거나, 젊은 사람들이 희귀 백혈병으로 죽어가는 문제 등이 발생하고 있다고 합니다. 그러나 이는 애플뿐만이 아니라 현재 삼성전자에서도, 소형IT 가전을 생산하는 모든 공장에서도 심각하게 문제가 되고 있는 상황이죠. 최근 영국 BBC는 인도네시아에서 불법 채굴한 주석이 애플의 부품 공급사에 유입됐을 가능성도 함께 제시하면서, 인도네시아 방카섬에서 어린 아이들이 언제 무너질지 모르는 위험한 환경에 노출된 채 주석을 캐고 있다고 보도한 바 있습니다. 정말 휴대폰 하나 때문에 이렇게 많은 사람들이 층층이 고통 받아야만 하는 걸까요. 지구의 다른 한편에서는 새로 출시된 아이폰을 사기 위해 밤을 새워가며 길게 줄이 늘어섭니다. 그러면 아이폰을 구매하고 사용하는 것이 잘못된 일일까요. 다른 핸드폰을 구매한다고 이 문제가 해결될까요. 아니면 아예 핸드폰 자체를 구매하지 말아야 하는 걸까요.

2013년 4월 24일 방글라데시 사바르 의류공장 붕괴사고로 사망자가 천여 명이 넘어서는 대규모 참사가 발생하였습니다. 순식간에 무너져버린 공장 건물의 부실 공사도 끔찍했지만 속속 밝혀지는 열악한 노동조건에 경악을 금할 수 없었습니다. 그 공장은 '패스트 패션'이라 불리며 최근 각광 받는 중저가 의류 브랜드 옷들을 빠른 유행 주기에 맞춰 대량생산하는 곳이었습니다. 옷이 싼 이유가 누군가의 처참한 노동 착취의 결과라니. 그렇게 위험한 환경에서 그렇게 빨리 값싼 노동력으로 옷들을 만들어내야만 할 정도로 나의 패션이 중요하고 긴급한 일인지를 다시 생각해보게 되었습니다. 물론 이런 구조일 줄은 몰랐습니다만, 상식은 우리에게 묻습니다. 옷이 이렇게 자주 많이 빨리 생산되어 공급되려면 대체 어떤 생산 및 유통 과정을 거치는 것일까요. 그렇게 대량생산되어 팔리지 않는 옷들은 모두 어디로 가는 것일까요.

작금의 '생산 시스템'은 생산 과정에 전적으로 무지한 우리들 소비자까지 애꿎은 착취의 공범으로 몰고 갑니다. 이제 아이폰을 사는 일도, '패스트 패션' 브랜드 옷을 사 입는 것도 왠지 불편합니다. 그렇다고 다른 휴대폰을 산다 한들, 다른 옷들을 산다 한들 괜찮은 시스템에서 제대로 인건비 지불하며 생산되고 있을지는 의문입니다. 인건비도 제품 생산 단가에 반영되어 엄연히 '가격'의 일부가 되기 때문에, 계속 낮은 가격을 부르짖는 것은 어쩌면 그 옷을 만드는 사람의 인건비를 줄이는 일에 한 목소리 거드는 일이 될 겁니다. 이렇게 계속 줄여야만 하는 '비용'에 속하는 '인건비'는 결국 우리의 '임금'이므로, 소비자이자 곧 생산자이기도 한 우리들의 딜레마는 여기서 시작됩니다. '임금'은 올랐으면 좋겠고, '물가'는 낮았으면 좋겠다는 성립되기 어려운 소망 앞에서 마음은 끝없이 분열됩니다.

게다가 낮은 가격을 위한 대량생산 시스템은 정말 너무 많은 옷들이 그대로 재고가 되어 버려지게 합니다. 생산을 위해 어마어마하게 소모되고 오염되는 토양과 물, 공기는 '외부화된 비용' 즉, 생산자들이 그 사용료를 지불하지 않아서 물건 값에 반영되지 않았지만 실제로 거대한 손실을 야기시키는 비용을 수반합니다. 또한 폐기할 때 여러 추가 비용들이 발생하고 있지만 이 또한 생산자가 비용을 지불하지 않습니다. 만약 생산에서 폐기까지 모두 생산자에게 비용부담을 시키게 되면 물건값은 상당히 비싸질 것입니다. 어떤 사람들은 이야기합니다. 그게 당연한 거라고. 가격을 싸게 하느라 농약을 쓰고, 인건비를 줄이고, 안전 설계를 생략하는 것보다는 제 공정을 지키고, 제 가격을 책정해야 한다고요. 차라리 가격이 비싸서 적게 소비하고 함부로 낭비하지 않도록 하는 것이 큰 틀에서 보자면 더 경제적인 것이 아니겠냐고요.

지금 우리가 살고 있는 경제 시스템은 최악의 비효율 그 자체인 것 같습니다. 너무 많이 만들고 파괴하고 버립니다. 조금 천천히 덜 생산해야 하고, 그래서 우리는 조금 덜 벌어야 하며, 그래도 사는 데 큰 지장이 없을 만큼 다 같이 삶의 규모를 줄여야만 하는 세상이 되었습니다. 누군가에게 과도한 이익이 축적되는 구조가 아니라 생산 및 유통 전 과정에 개입하는 모든 사람들에게 그에 상응하는 보수가 제대로 분배되는 사회 시스템을 설계해야 합니다. 그래서 다들 많든 적든 소득이 지속되고 또다시 그들이 소비자가 되어 적정가에 물건을 구매하고 그것이 다시 물건의 재생산으로 이어지도록 건강한 경제의 흐름을 만들어야 합니다. 그런데 누가 이 일을 해야 합니까? 몰라서 못 하는 것도, 알지만 안 하는 것도 아닌 어드메쯤 어정쩡하게 서서 걱정 가득한 얼굴로

서로를 바라볼 뿐입니다. 문제를 인식하고 나서 과연 우리는 무엇을 할수 있을까요?

이제 무조건 새로 생산하는 것만이 능사가 아닐 수도 있습니다. 이왕 생산된 것들 그리고 쓰고 있는 물건들을 재활용하는 시스템 구축이 중요해지는 시점에서 개인의 취향은 더 이상 중요한 문제가 아닙니다. K씨는 어느 날 어지러운 신발장을 정리하던 중 여기저기 흩어진 우산들을 끌어모았더니 대여섯 개나 되었습니다. 예기치 않게 비 내릴 때마다 사서 쓰다 보니 본의 아니게 집은 우산 풍년이었습니다. 겉모양은 꽤 멀쩡한데 한두 군데 고장이 나서 사용이 어려운 서너 개의 우산들을 수리해서 써야겠다는 생각으로 일단 들고 나갔습니다. 구두 고치는 곳에 들고 갔더니 "저희 우산은 못 고쳐요."라고 손사래를 치고, 대형마트에 혹 수리점이 있으려나 돌아봤지만 마땅한 곳을 찾을 수가 없었습니다.

과연 어딜 가야 고칠 수 있는지가 쉽게 떠오르지 않아 일단 다시 들고 집으로 와서 인터넷을 검색해보았습니다. 대부분 특정 지역 종합사회복지관이나 재활용센터에서 수리점을 운영하고 있어 열심히 메모해서 전화 문의를 거친 후에 우산을 들고 버스를 타고 가서야 비로소 말짱하게 고쳐올 수 있었습니다.

그날 저녁 남편에게 고친 우산들을 보여주며 이야기하자 "그까짓 우산 얼마나 한다고, 돌아다니느라 시간만 더 들고, 차비가 더 들었겠다."며 핀잔을 주었습니다. K씨도 가만히 생각해보니 왜 고쳐서 다시 사용하는 것보다 새로 사는 것이 노력 면에서나 비용 면에서나 더 경제적으로 느껴지는 건지 의아스러웠습니다.

너무 싸고 많은 물건들, 이대로 괜찮은 걸까?

─

『너무 늦기 전에 알아야 할 물건이야기』(애니 레너드 저, 김영사 펴냄)를 보면 '대량생산의 메커니즘'이 '재사용'보다 '재구매'를 요구하는 시스템임을 잘 보여주고 있습니다. 지금의 생산 시스템은 고장 나서, 더 못 쓰게 되어서 어쩔 수 없이 재구매할 때까지 기다려줄 수조차 없이 새로 생산된 물건들을 팔아 치우기에 급급합니다. 그래야 또다시 공장이 돌아갈 수 있는 자금을 벌어들일 수 있기 때문입니다.

지속적인 재구매를 일으키려면, 고장 나거나 망가져서 더 이상 사용하기 어려운 상황이 아니더라도, 소비자들로 하여금 유행에 뒤떨어졌다는 이유로, 싫증났다는 이유로 빨리빨리 기존 물건들을 던져버리고 새로운 것을 구매하도록 설득해야 합니다. 지금의 경제구조 속에서 재사용은 회사의 이윤 창출에 아무런 도움이 되지 않기 때문입니다. 계속 생산되고 계속 팔려나가야 유지되는 회사라는 공룡은, 부레가 없어 헤엄치지 않으면 바다로 가라앉기에 잠잘 때도 헤엄쳐 다녀야 한다는 다랑어의 피곤한 인생을 떠오르게 합니다. 게다가 생산자가 폐기물을 책임지지 않기 때문에 무조건 만들어서 많이 팔수록 이익이며, 폐기물이나 재고 등을 덜 신경 쓰게 됩니다. 결국 대량생산되어 제대로 쓰임도 받지 못하고 버려지는 재고와 각종 포장재들, 쓰레기들은 하릴없이 우리들의 세금으로 폐기되고 쉽게 버려집니다. 이런 시스템 속에서 우리가 추구하는 '취향'과 '개성'의 소비욕망이 진정한 나다움일지 매우 회의스럽습니다.

이런 메커니즘이 다만 물건에만 적용될까요. 사람이 늙어 노인이 되거나 병들고 다치게 되면 '비용적 효율성'의 이유로 '수선 및 재활용'보다 '폐기'하는 쪽으로 생각하는 사회가 될까 무섭습니다. 애초에 '유지보수비용'은 사람이건 물건이건 경제적 효율성의 문제를 떠나 수명이 허락되는 동안 지속가능한 쓸모를 위해 꼭 필요한 건데 말이죠.

많은 국가들에서는 개인 운전면허증에 사고로 인한 사망시 장기 기증에 대한 안내문이 붙어 있다. 2003년 발표된 한 논문을 보면, 호주의 장기 기증률은 100퍼센트에 가깝지만 독일은 12퍼센트, 스웨덴은 86퍼센트, 덴마크는 4퍼센트에 불과하다. 이처럼 국가별로 나타나는 장기 기증률의 엄청난 편차는 중요한 질문 형식 때문에 생기는 프레이밍 효과이다. 장기 기증률이 높은 국가에서 기증을 원하지 않는 사람들은 그 뜻을 직접 표시해야 하는 '옵트아웃 opt-out'(선택적 거부) 양식을 사용한다. 이 단순한 행동을 하지 않는 사람들은 기부 의사가 있다고 간주된다. 반면 장기 기증률이 낮은 국가는 '옵트인

opt -in'(선택적 동의) 양식을 쓴다. 즉 장기 기증을 하고 싶다면 직접 뜻을 표시해야 하는 것이다. 이 차이가 전부이다. 따라서 장기 기증률을 끌어올리는 최상의 방법은 귀찮게 굳이 표시하지 않아도 자동으로 채택되는 '디폴트 옵션 default option'을 정하는 것이다.

– 대니얼 카너먼, 『생각에 관한 생각 Thinking Fast and Slow』

사실 단순히 개개인의 윤리의식이나 경제 개념만의 문제는 아닐 것입니다. 무엇을 새로 사서 쓰든, 고쳐 쓰든 그거야 소비자 개인의 선택과 판단의 문제인 것은 분명합니다만, 단지 사회를 운영하는 기본 시스템이 무엇을 위한 것인지를 살펴볼 필요가 있다는 것입니다. 폐기하고 새것을 사는 것보다 고쳐 쓰는 것이 개인적으로나 사회적으로나 훨씬 편리하고 경제적인 사회적 시스템이라면 자원 낭비나 환경 파괴 등이 많이 줄어들지 않을까요. 애써서 '고쳐 쓰기'보다 손쉽게 '새로 사기'가 훨씬 편리하고 경제적으로도 이익이 된다는 현재의 시스템은 우리로 하여금 어마어마한 속도로 다양한 물건들을 만들고 사서 쓰고 버리는 시스템에 본의 아니게 동참하도록 합니다. 그 덕분에 지구 자원이나 자연환경의 지속가능성에 심각한 위기가 초래되고 있는 것을 뻔히 보면서도 말이죠.

과연 최종 소비자인 우리는 무기력하기만 할까요. 내 스스로 실천하는 절제의 생활 태도도 중요하겠지만, 눈앞의 이익을 위해 생태계를 파괴하는 자들을 통제하려면 소비자의 한 표 행사, 즉 누구에게 내 돈을 기꺼이 써줄 것이냐 하는 '소비 의사 결정' 또한 매우 중요합니다. 단돈 천 원을 쓰더라도 소비자는 어디에 쓸지를 결정할 권리를 갖고 있음을, 그리하여 지속가능한 성장을 도모하는 기업을 후원하고 생태계 파괴자들을 무너뜨릴 힘을 갖고 있음을 잊어서는 안 됩니다. 아울러 그런 소비자들이 만드는 사회적 디폴트 옵션이 곧 사회적 건강성의 지표임을 기억해야 할 것입니다. 우리는 절대로 파편화되어 무기력한 존재들만은 아닌 것입니다.

돈이 하던 일들을
내가 한다면
—

정말 문제가 돈 그 자체에 있는 걸까요, 아니면 그 돈을 사용하는 사람에게 있는 걸까요. 사회적 시스템의 문제가 해결되면 나의 돈 문제가 자연스럽게 해결될 수 있는 걸까요? 어쩌면 우리는 그 동안 '돈' 없이 산다는 것은 상상할 수 없을 정도로 '돈'과 지독한 사랑에 빠졌었는지도 모릅니다. 돈만큼 내가 시키는 일을 척척 맵시 있게 잘 해주는 대상이 있던가요. 우리는 일신의 안락과 편의를 위해, 혹은 나의 소중한 시간을 확보할 요량으로 내가 스스로 할 수 있는 일들을 돈에게 전가시키는 데 익숙해진 겁니다. 그렇게 비싼 비용으로 확보된 몸의 편안함과 소중한 여가 시간을 지금 어떻게 활용하고 계십니까? 모든 걸 다 해주는 돈의 위력에 빠져서, 내 스스로 해야만 하는 일들조차 감당하지 못하고 점차 무기력해지는 자신을 발견하게 됩니다. 무기력해질수록 더욱 돈에 의존하고 집착하게 되는 것은 불가피한 상황이고요.

돈 문제를 해결하려면 '돈'으로부터 어느 정도 자유로워지는 것이 필요합니다. 돈 걱정으로부터 자유로워지는 삶이 정말 가능할까요? 그것은 전혀 불가능하지 않습니다. 스스로 돈에 대한 의존도를 낮춰가면 됩니다. 이건 마치 실연을 극복하려는 사람에게 내려지는 지침과도 유사하죠. "제가 그/그녀 없이도 살아갈 수 있을까요?" 이제 홀로서기의 시간입니다. 그대(돈) 없이 나 홀로도 잘 살 수 있음을, 스스로의 힘만으로도 얼마든지 행복할 수 있음을 배우는 시간입니다.

돈과의 아름다운 결별, 그리고 홀로서기를 위해 이제 반대로 돈으로 하던 일들을 하나둘씩 스스로 해보기 시작합니다. 웬만한 음식은 스스로 해먹고, 웬만한 거리는 걸어 다니고, 웬만하면 사지 않고 버텨봅니다. 청소기가 하던 청소는 가족들이 다 함께 창문을 활짝 열어놓고 몸을 움직여 합니다. 속옷이나 양말처럼 매일매일 나오는 자그마한 빨래들은 스스로 빨아보기도 합니다. 아파트에 살더라도 베란다에서 야채나 과일 등을 하나둘씩 재배하면서 먹거리를 스스로 마련해보기 시작합니다. 최근 부쩍 심각해진 탈모 때문에 비싼 천연샴푸에 각종 두피케어 용품들을 사용했지만, 결국 미지근한 맹물로 천천히 모발을 헹구는 '노푸'가 제일 좋다는 결론에 이릅니다. 그 어떤 음료수보다 맹물이 제일 몸에 좋고, 그 어떤 요리 방식과 레시피보다 제철 과일이나 야채를 그냥 씹어 먹는 것이 몸에 제일 좋다고 합니다. 오히려 돈에 의존하지 않을수록 가장 좋은 것들을 누리게 된다고 하니, 어떤 눈으로 세상을 보느냐가 삶의 방식에 작지만 큰 변화를 줍니다.

만약 웬만한 일상생활과 먹거리를 특별한 비용 없이 스스로 충당할 수 있다면, 소득이 적더라도 삶은 조금 더 풍요로워질 수 있습니다. 여행이나 책, 최신형 노트북, 예쁜 자전거, 대학원 진학 등 내 스스로 생산할 수 없는 다른 것들을 누리기 위한 '교환가치'의 수단으로 더 많은 돈을 사용할 수 있는 여력을 확보하게 될 것입니다. 이것은 지금 당장의 급격한 변화보다는 삶의 '지향점'을 어떻게 바라보고 삶의 질서를 만들어가느냐의 문제라고 할 수 있습니다.

스스로 할 수 있는 것들이 점차 많아지고 삶의 질서를 스스로 구축해나가기 시작한다는 것은, 카오스적인 삶에서 무기력하게 표류하기보다 자신의 주체성으로 두 발을 땅에 꾸욱 눌러 딛고 삶의 질서와 균형을 잡아나가기 시작한다는 것을 의미합니다. 스스로 결정할 수 있는 것이라고는 아무것도 없는 듯한 미래 불안의 폭풍에 휘말려 삶이 뿌리째 흔들리는 듯한 공허감과 불안감을 일정 정도 해소시켜주고, 소소하면서도 따스한 삶의 안정감을 가져다줍니다. 우리는 그렇게 돈의 힘에만 의존하지 않고, 내 몸으로 자율적이면서 독립적으로 오롯이 자신인 상태에서 타인과 교류하고 소통하며 살아가는 것을 배우게 됩니다.

지금까지 도시 문명의 삶은 우리로 하여금 사회적 '교환가치'를 높일 것을 요구해왔습니다. 좋은 학력과 인맥, 커리어와 자격증을 가져야만 사회적 쓸모를 충족시켜 안정된 소득 창출이 가능하기 때문이죠. '정보의 비대칭성'을 활용하는 각종 전문직 종사자들, 예를 들어 의사, 변호사, 회계사, 교수 등은 나이 들어서까지 고소득을 유지할 수 있다는 의미에서 매우 선호되는 직종이기도 합니다. 하지만 제아무리 사회적 명성을 지닌 사람이었더라도 일단 은퇴하고 나서 자기 밥상 하나 차릴 줄 모르고, 세탁기 돌릴 줄도, 청소할 줄도 몰라 정작 자신의 삶과 생존 문제에 있어 완전한 무기력을 느낀다면 이건 뭔가 이상합니다. 삶에 밀착된 생활의 기술은 요리, 빨래, 각종 수선 혹은 살림 노하우 등인데 이러한 자신의 '사용가치'는 '교환가치'에 밀려 돈으로 대행되거나 남에게 전가되던 허드렛일들이었습니다.

결국 삶의 본질로 돌아오게 되면 이러한 자신의 '사용가치'를 훈련하고 높여야만 지속가능한 생존이 보장된다는 것을 깨닫게 됩니다. 이것은 돈으로도 살 수 없는 고도의 가치이며, 돈에 모든 것을 의존하고 살다가 우리 스스로 놓치고 산 삶의 본능이자 되찾아야 할 감수성의 영역입니다. 스스로의 '사용가치'를 높이고 생존의 기술에 능숙해질수록 삶에 대한 자신감이 높아지고, 상대적으로 돈에 대한 의존도는 줄어들면서 삶의 기본 연비도 줄일 수 있게 될 것입니다. 기본 연비를 낮추어 갈수록 괜한 미래 불안도 서서히 줄어들 수 있지 않을까 기대해봅니다.

화폐 의존도를 줄이는
'공평한 교환센터'

　

한걸음 더 나아가서 우리는 돈 없이도 제법 자유롭게 살아갈 수 있는 능력을 갖고 있습니다. 돈 없이 사는 삶이라니, 상상이 가십니까? 독일에서 20년 가까이 돈 없이도 풍요롭게 잘 살고 있다는 하이데마리 슈베르머 씨의 실험이 구체적 사례입니다. 돈 없이도 살 수 있다니 이 사람은 산 속에 사는 자연인이거나, 집도 필요 없는 노숙자인 걸까요?

그녀가 돈 없이 집 없이 살아갈 수 있는 이유는 1994년에 그녀가 설립한 '공평한 교환센터(Give and take central)' 덕분입니다. 이곳에서는 안 입는 헌 옷이나 생활용품 등을 다른 사람의 주방용품과 교환할 수 있고, 차량에 대한 서비스를 제공하는 대가로 배관 서비스를 받는 등 돈을 매개하지 않고 직접 물건과 용역을 교환할 수 있습니다. 지혜와 기술을 가진 사람이 모여 돈을 벌지 않아도 서로 도움으로써 더불어 생존하는 커뮤니티가 형성된 것입니다. 물물교환뿐만 아니라 주거를 유지하기 위한 각종 잡일을 해내면 이곳에서 숙식이 가능합니다. 설립자인 그녀 자신이 그 누구보다 훌륭한 일꾼으로 일하면서 이곳에서 숙식하고 있습니다.

이러한 공동체 모델은 실제로 수많은 실업자들에게 큰 도움이 되었고, 독일 전역에 그녀의 아이디어를 모방한 시설이 다수 생겨나기 시작했습니다. 이 센터를 통해 실업자들은 자신의 기술을 활용할 수 있게 되었고, 덕분에 기본적인 생활을 할 수 있는 사람이 늘어나서, 그녀에게 감사하는 사람 수는 헤아릴 수 없다고 합니다.

　센터 설립 2년 후 그녀는 직업적인 일을 그만둘 수 있었습니다. 또한 자녀가 성장해서 집을 나가자 불필요한 것을 모두 버리고, 살던 아파트에서마저 퇴거하였습니다. 무언가를 관리하거나 지켜야 할 필요 없는 자유로운 삶이 열렸습니다. 그녀는 평소 가방 1개만으로 생활하고 있습니다. 긴급한 상황에 대비하기 위해 200파운드(약 35만 원 정도)를 보유하고 있고, 이를 제외한 돈과 저서 및 다큐멘터리 영화의 판권 수입 등은 대부분 기부하고 있다고 합니다. 하나 문제가 있다면, 건강보험을 지불하지 않기 때문에 병원에 갈 수 없다는 겁니다. 질병이나 부상의 염려가 있을 법도 한데, 그녀는 자연 치유력이 가장 좋은 치료라고 호언하며 아파도 병원에 가지 않겠다고 합니다.

　그녀는 살아가는 데 '돈'이 정말 필요한 것일까, 의문을 품고 이런 일을 하게 되었다고 합니다. 돈을 벌기 위해서만 하는 일은 정신적, 육체적 고통을 수반할 수밖에 없음을 우리도 잘 알고 있습니다. 물론 고됨 속에 인생의 참 맛이 숨어 있기도 하고, 그렇게 번 돈으로 나와 소중한 사람들의 삶을 부양하기도 합니다. 그런데 어차피 생활을 위해 하는 노력에서 '매개'하는 자리에 놓인 '돈'을 스리슬쩍 빼버리면 어떻게 될까요. 자신이 원하는 것을 직접 얻으려 노력하고, 타인에게 도움을 구하고 또 내 노력으로 기여하면서 관계를 맺으며 산다면 신기하게도 돈 없이 살아집니다. '공평한 교환센터'는 돈을 매개하지 않고도 이렇게 서로 도움을 주고 받으며 일하고 살아갈 수 있음을 실제로 입증하고 있습니다. 때문에 1년만 해보는 실험으로 시작했지만, 이미 20년 가까이 이 실험은 계속되고 있는 것입니다.

꼭 '돈'이 아니어도 된다

—

"한 여행자가 황폐해진 시골 마을을 지나고 있었다. 경기 침체로 마을의 상황은 무척 안 좋았다. 마을 사람 대부분이 빚더미 위에서 살아가고 있었다. 여행자는 하룻밤 묵을 호텔을 찾아 들어갔다. 그리고 호텔 주인에게 100달러를 주면서, 묵을 만한 방이 있는지 살펴보고 싶다고 말했다. 호텔 주인은 한번 둘러보라고 하며 여행자를 2층으로 안내했다. 여행자가 호텔 복도를 지나며 방들을 살펴보는 동안, 호텔 주인은 부리나케 계단을 내려가 호텔을 나가더니 이웃의 정육점으로 들어갔다. 그러고는 여행자가 준 100달러로 정육점 주인에게 밀린 외상값을 갚았다. 그러자 정육점 주인 역시 100달러를 들고 부리나케 뛰어나가 이웃의 돼지 농가로 가더니 밀린 외상값을 갚았다. 돼지 농가의 농부 역시 100달러를 들고 부리나케 뛰어나가……. 이런 식의 뜀박질이 몇 번 계속되고 나서 결국 또 다른 마을 사람이

100달러를 들고 호텔 직원에게 찾아와 그에게 밀린 외상값을 갚았다. 마침 그때 호텔 2층에서 방을 둘러보던 여행자가 1층으로 내려와서는, 마음에 드는 방이 없다면서 자신이 냈던 100달러를 돌려달라고 했다. 호텔 직원은 마을을 한 바퀴 돌고 온 100달러를 여행자에게 내어주었다. 여행자는 떠났고, 마을 사람들은 빚을 청산했다."

    – 〈새사연 위클리펀치 420 : 돈이란 무엇인가〉, www.david-boyle.co.uk

대체 이 마을에는 무슨 일이 일어난 걸까요? 아무것도 새롭게 생산된 것 없이, 그렇다고 누군가가 돈을 벌지도 않고 단지 여행자의 100달러짜리 한 장이 돌았다가 떠났을 뿐이지만 마을 사람들의 빚이 모두 청산되는 기적(?)이 벌어진 것입니다. 물론 상황이 매우 단순화되어 있고 채무가 다시 호텔로 귀결된다는 조건이 전제되어 있긴 하지만 한번 생각해볼 만한 문제가 아닐까 싶습니다. 만약 여행자의 저 100달러가 위조지폐였다면 어떻게 되었을까요? 마을 사람들은 그 사실을 알지 못한 채 밀린 외상을 갚았을 뿐이고, 여행자가 위조지폐를 갖고 조용히 사라졌다면 진짜 돈 100달러와 결과가 달랐을까요?

우리의 생존을 위한 거래를 매개하는 것이 꼭 '돈'이 아니어도 된다는 놀라운 결론에 이르게 됩니다. 어쩌면 애초에 마을 사람들끼리 서로의 장부를 공개하고 빚을 거꾸로 갚아나갔어도 무방했을 겁니다. 혹은 외상값 대신 서로에게 필요하면서도 각자가 갖고 있는 서비스나 물건을 주고받는 식으로, 예를 들어 호텔 주인은 호텔 방을 제공하고, 정육점 주인은 고기를 제공하는 방식으로 빚을 갚아나갈 수도 있었다는 얘기가 됩니다. '신뢰'만 있다면 말이죠. 자그마한 지역 경제 규모라 가능한 이야기일 수도 있지만, 달리 생각해보면 '돈'만으로 무언가를 교환할 수 있다는 생각이 오히려 이런 지역 경제의 원활한 자원 순환을 방해했음을 알 수 있습니다.

우리는 모두
자원의 재배분자

지극히 소박한 생활을 지향한 헨리 데이비드 소로의 명저『월든』은 생태주의적 삶의 바이블과도 같은 책이죠. 이 책의 제1장은 '삶의 경제학'이라는 이름으로 시작됩니다. 돈 중심의 문명적 삶이 싫어 월든 호숫가로 내려가서 손수 집도 짓고 먹거리도 스스로 마련해서 살면서 돈이 필요 없는 삶을 살았던 '사용가치'의 지존, 소로는 정작 가계부 쓰기의 중요성을 설파합니다. 소로와 마찬가지로 검약과 소박한 삶을 실천하며 돈에 의존하지 않고 스스로 삶의 필요를 충당하며 사는 생태적 삶의 대명사인 니어링 부부도『조화로운 삶』을 통해 가계부 쓰기의 중요성을 우선적으로 이야기합니다.

참 희한한 일 아닙니까? 지극히 최소한의 삶을 영위하던 그들은 이미 근검절약이 몸에 밴 사람들이고 돈을 거의 사용하지 않고 살아간 사람들인데 무슨 가계부를 그리도 열심히 썼을까요. 책을 보신 분들은 잘 아시겠지만 그들의 가계부는 감동적입니다. 단순히 돈이 들어오고 나가는 것을 기록하는 장부가 아니고요, 콩이나 감자 등 각종 식용 작물들은 물론 옷이나 양말처럼 내 삶에 사용되는 모든 재화들이 들어오고 사용되고 남에게 전달되고 하는 과정을 모두 '수입'과 '지출'로 깨알같이 기록하고 있습니다. 그들은 이야기합니다. 세상 누구도 감히 재화를 써서 없애버리는 권리만 갖는 '소비자'란 없다고요. 우리는 누구나 자신에게 주어진 자원들을 효과적으로 잘 배분해야 하는 '자원의 재배분자'라는 겁니다. 살기 위해 어쩔 수 없이 각종 재화들을 먹고 써야 하지만, 내게 주어진 재화들을 적정량 제대로 사용하고 남은 것들을 잘 배분해야 하는 의무가 우리에게 주어진다는 것입니다. 그러기 위해 내게 들어오고 나가는 모든 재화를 꼼꼼하게 기록하는 습관을 갖고, 어떻게 하면 더 효과적으로 잘 배분하며 최소한의 삶을 살 수 있을까를 성실하게 연구했던 것입니다. 이것이야말로 단순한 절약을 넘어서서 한정된 재화를 가치 있게 공유하는 방식이자 공존의 기술이라 믿었던 그들의 삶의 철학이 돋보이는 부분입니다. 이런 삶을 살아간다면 자연스럽게 그 양과 질에 관계없이 내게 주어지는 재화들의 소중함을 느끼면서 감사하며 살 수 있게 될 것 같습니다.

현재 이 도시에서의 삶을 영위하기 위해 들어오고 나가는 재화들을 몽땅 기록한다는 건 거의 불가능한 일일 겁니다. 다만 대부분의 거래를 상징적으로 대변하는 '돈'의 흐름만 기록하는 것도 신중하게 잘 쓰기 위해 매우 중요한 일이 아닐까 싶습니다. 가계부로 대변되는 '장부쓰기'는 취향의 문제도 선택의 문제도 아니라 '살림'의 가장 필수적인 전제 조건이자, 지구 위에서 재화를 쓰고 사는 자들로서 마땅히 해야 할 의무 같은 것일지 모릅니다. 나의 생존 연비를 파악하는 일, '나'와 '너'를 넘어선 '우리'의 생존을 도모하는 기본비용을 이해하고 파악하는 일은 삶의 가장 기본이 되는 일이었던 것입니다.

우리의 기록 속에는 '타인의 삶'에 대한 나의 기여분도 반영됩니다. 내게 들어온 돈과 재화는 단지 나의 소유물로 그치는 것이 아니라, 나를 통해 다시 재배분 되어 누군가를 이롭게 하기도 하고 누군가를 힘들게 하기도 합니다. 그 모든 과정을 기록하며 조금씩 선순환 구조를 만들어가는 것은, 어쩌면 소중한 삶의 기본적인 사명 같은 것인지도 모릅니다. 혹시 내게 주어진 재화들을 소진하는 데만 급급했다면, 주어지는 바가 너무 적다며 한탄할 줄밖에 몰랐다면, 삶이 만족 없이 혼란스러운 것은 당연한 결과인지도 모릅니다.

현금 없는 사회가 도래한다면

–

현금 없는 사회가 도래한다고 합니다. 공상과학소설 얘기가 아니지요. 이미 현금 두둑한 지갑 대신 휴대폰 케이스나 카드 지갑에 교통카드 겸용 신용카드 하나만 들고 다니는 사람들이 많아졌으니까요. 무겁고 딸랑거리는 동전은 더더욱 처치곤란입니다. 어차피 현금이란 일종의 '약속어음'이고, 사실 '약속'이 사라지면 금화나 은화가 아닌 이상에야 종이나 금속 쪼가리에 불과한 것이 되죠. 물물거래에서 시작되어 금 태환 시스템을 지나 지금의 약속화폐에 이르기까지, 지난 수세기 동안 생존을 위한 '교류'를 매개해온 돈의 변화. 이제 돈의 물리적 형태는 사라지게 되고 추상적인 '약속'의 지표만이 숫자로 남게 될 것입니다. 이 또한 기술적, 사회적 발전에 따른 결과라고 할 수 있겠지요?

네, 돈은 거래를 위한 약속의 지표입니다. 만 원짜리 지폐를 들고 이탈리아의 작은 시골마을에서 거래를 시도해보면 쉽게 알 수 있습니다. 그곳에서는 그 '약속'이 통용되지 않기 때문에, 만 원짜리는 푸르딩딩한 종이쪼가리에 불과하다는 사실 말이죠. 이것은 돈의 대단히 무서운 이면이기도 합니다. '약속'이 무너지는 순간 '돈'은 아무런 의미도 없어지게 되기 때문이죠. 한 지역에서의 돈의 약속, 그리고 지역과 지역 간, 나라와 나라 간의 돈의 '지불 약속'을 지키기 위해 오늘도 수천 개의 금융기관과 사람들이 열심히 노력하고 있지요.

현금 없는 사회가 되면 과연 어떤 일들이 벌어지게 될까요. 알 수 없는 미래에 대한 불안은 사람들을 익숙한 예전 것으로 퇴행하도록 만드는 힘이 있는 것 같습니다. 저 역시 그런 부류 중 한 사람이죠. '신용화폐는 만성적 가불구조를 만들기 때문에 현금을 쓰자'는 캠페인을 벌이고 있으니까요. 네, 보이지 않는 마일리지화된 돈은 사람들로 하여금

'정해진 예산' 개념을 봉인해제시키고, 지금 당장의 욕구 충족을 자연스럽게 하더라구요. 아무래도 물리적 돈을 손에 쥐게 되면, 그 감각이 우리로 하여금 왠지 애써 벌고 모은 돈을 쉽게 쓰지 못하게 하는 것 같기 때문에, 저희는 현금쓰기를 권장해온 것이 사실입니다. 이것은 단순히 물리적 화폐를 사용하자는 의미만은 아닙니다. 미리 당겨 쓰는 신용화폐보다 이미 보유한 돈을 사용하자는 의미가 강하기 때문에 '신용카드'의 사용을 피하고 가급적 '체크카드'를 사용하자고 하는 거죠.

　이제 현금 없는 사회로의 이행은 불가피해 보입니다. 현금 도난사건은 사라지겠지만 보이스 피싱이나 스미싱 피해, 그리고 온갖 해킹으로 인한 금융 거래의 불안정, 그리고 출렁거리는 금리나 외환시장 등을 보노라면, 과연 '사이버 마일리지화'되는 돈이 안전할까 심히 우려하게 됩니다. 급격한 변화와 발전에 노출된 채 나이가 들어가다 보니, 괜한 두려움이 더 앞서는 것일까요?

　그냥 한번 상상해보게 됩니다. 컴퓨터 시스템 안에서 거래되는 돈이라는 게, 어쩌면 누군가의 손가락 하나로 리셋 될 수 있는 거라면 말이죠. 누군가 '로빈 훗' 같은 해커가 나타나서 모든 종류의 모아놓은 돈과 모든 종류의 빌려간 빚을 서로 '퉁쳐서' 한꺼번에 사라져버리게 만든다면, 우리는 그냥 다시 시작하면 되는 걸까요? 다시 돈의 본질에 대해서 생각해보게 됩니다. 우리가 살아가는 데 있어 대체 돈이 뭘까요? 공기나 물처럼 돈이 없으면 당장 죽음에 이를 수밖에 없는 걸까요? 돈으로 내가 생산할 수 없고, 갖기 어려웠던 것들을 더욱 폭넓게 누릴 수 있고 편하게 획득할 수 있게 된 것은 사실이지만, 그렇다고 만약 돈이 없다면 생존할 수 없는 걸까요?

자본주의 사회를 살아가며, 돈 만능의 사회 속에서 뭔가 자신의 인간성과 삶의 의미를 잃고 있다고 느껴진다면, 스스로 이 질문을 다시금 생각해보아야 합니다. 스스로 먹거리를 짓고, 자기 몸을 건강하게 단련하며, 생존 그 자체에만 충실해지는 것이 중요해지는 것은 21세기 최첨단 사회를 사는 우리들에게 아이러니와 같은 화두가 아닐까 싶습니다. '약속'에 기반한 문명은 편리하고 좋고 아름답지만, 신기루와 같은 것일 수도 있습니다. 물론 쉽게 무너질 리야 없겠지만, 지나치게 추상화되고 정교화된 삶의 질서는, 유수한 동물의 종 중 하나일 뿐인 우리의 본성과 생존에 필요한 지극히 현실적인 문제들과 지나치게 괴리율이 높아질 우려가 있습니다. 돈에 대한 약속이 깨지면 우리에겐 생존을 위해 돈보다 쌀이 중요해지는 겁니다. '인위적 질서'가 '자연의 법칙'과 괴리율이 높아진다면 모든 것은 다시 자연의 법칙으로 회귀한다. 이것은 엔트로피의 법칙입니다.

그저 아이러니죠. 대자연의 공포에서 조금만 안전하고 편리하게 사는 게 아니라, 우리만의 문명을 너무 체계적으로 만들어 너무 스스로를 보호하게 되면, 우리는 오히려 문명이라는 '조개껍질' 안에서 더욱 유약한 존재로 퇴화되어 버리는 것인지도 모르겠습니다. 저 밖의 광활한 자연은 우리에게 돈 따위로 벌벌 떨고 살지 말라고 외치는데 말이죠.

그래서 생존에 기반한 생활경제 감수성과 '상식'의 회복을 이야기합니다. 그리고 더불어 대안을 고민합니다. 문명이나 자본주의를 비판할 생각은 없습니다. 그건 우리가 절실한 필요로 이뤄낸 발전이니까요. 그러나 거기에 너무 의존하여 스스로의 생명력을 잃어가는 모습은 돌아보자는 겁니다. 경제적 생존 감각을 되찾고 유약한 인간끼리의 조화와 균형을 회복하기 위한 돈 관리를 지금부터 시작해봅시다.

부록

M밸런스 노트
써보기

〈자산부채현황표〉　201　년　　월　　일　현재

───────┤ 자산현황 : 금융자산 + 부동산자산 ├───────

금융자산			
구분	총납입금액	현재총원리금	월저축액
자유입출금			
CMA			
적금			
예금			
주식			
펀드			
저축성보험			
변액보험			
연금			
합계			

부동산자산			
구분	취득가/보증금	현재시가	명의자
현거주지			
투자용			
합계			

총 자산	

254

신용대출			
구분	총대출금액	현 대출잔액	월상환액
신용카드할부			
신용대출			
마이너스통장			
카드론			
사금융			
지인 빌린 돈			
합계			

담보대출			
구분	총대출금액	현 대출잔액	월상환액
합계			

총 부채	

총 자산-총 부채=나의 순자산은 (   )원 입니다.

〈월지출 내역표〉

월평균 소득액

➤ 소득이 일정하지 않다면 대략 평균소득액을 적으면 됩니다.

월간 지출액

➤ 아래 적은 8가지 항목별 월간 비용을 모두 합산해보면 됩니다.

1. 고정 비용		
지출항목	월간비용	연간비용
월세		
관리비		
수도요금		
전기요금		
취사/난방 가스요금		
각종 렌탈요금		
인터넷		
케이블/위성방송		
유선전화		
휴대폰(가족공용)		
기부 및 후원		
십일조 및 종교		
보장성보험료		
국민연금		
국민건강보험		
재산세/토지세		
종합부동산세		
주민세및각종세금		
기타(적십자회비)		
합계		

2. 가족의 행복		
지출항목	월간비용	연간비용
가족여행		
설날		
추석날		
부모님생신		
부모님용돈		
어버이날		
어린이날		
가족생일		
결혼기념일		
친인척 경조사		
제사/가족모임		
가족회비		
김장		
기타		
합계		

3. 건강한 일상생활		
지출항목	월간비용	연간비용
주식/부식비		
간식/기호식품		
외식/배달음식		
건강식품/보약		
병원비/약값		
컴퓨터/소모품		
드라이/세탁비		
세탁/욕실/주방용품		
각종 수리비		
기타 생활용품		
반려동물		
기타		
합계		

4. 풍요로운 일상생활		
지출항목	월간비용	연간비용
지인경조사		
각종 기념일		
운동/레저활동		
영화/공연/전시		
찜질방/온천		
신문/정기구독		
휴가/여행/캠핑		
주말농장/나들이		
기타		
합계		

5. 차량 관리 및 유지		
지출항목	월간비용	연간비용
차량정비/수리		
타이어/엔진오일		
주유비		
주차비/톨게이트		
과태료/범칙금		
자동차보험		
자동차세금		
대리운전비		
기타(세차비)		
합계		

➤ 월간 비용을 중심으로 합산해주세요. 연간 단위로 드는 비용은 '연간비용'에 쓴 후 월간비용으로 환산하여 월합계로 합산해주세요.

월간 저축액	
월대출상환액	

월간 수지차	

➤ 수지차 흑자상태 : 새는 돈이 있어 체계적 돈관리 시급
➤ 수지차 적자상태 : 규모에 맞는 소비예산 수립 필요

6. 자녀 육아 및 교육		
지출항목	월간비용	연간비용
분유/이유식		
기저귀		
육아용품		
육아도우미		
유치원/어린이집		
과외/방문교사		
학습지/참고서		
급식비/우유값		
교재/기자재		
방과후학습		
등록금		
학원비		
수학여행/수련회		
자녀용돈		
자녀대중교통비		
자녀 의류/속옷		
신발/가방/모자		
자녀 머리손질		
잡화(안경/렌즈)		
합계		

• 저축이나 연금 등은 이곳에 기입해주세요.

저축항목	월저축액	총저축액
합계		

• 부채이자나 원금상환 내역은 이곳에 기입해주세요.

부채항목	월상환액	총부채액
합계		

7. 남편지출		
지출항목	월간비용	연간비용
남편휴대폰		
남편 대중교통		
남편 의류/속옷		
신발/가방/벨트		
잡화(안경/렌즈)		
머리손질/관리		
운동/레저활동		
취미활동		
교제/친목모임		
화장품/미용용품		
마사지(스포츠/발)		
어학/교양강좌		
책/저널		
기호품(담배 등)		
합계		

8. 아내지출		
지출항목	월간비용	연간비용
아내휴대폰		
아내 대중교통		
아내 의류/속옷		
신발/가방/모자		
잡화(안경/렌즈)		
머리손질/관리		
운동/레저활동		
취미활동		
교제/친목모임		
화장품/미용용품		
피부관리/마사지		
어학/교양강좌		
책/저널		
네일/속눈썹 등		
합계		

〈소비예산표〉

월평균 소득액	
➤ 소득이 일정하지 않다면 대략 평균소득액을 적으면 됩니다.	

월간 지출액	
➤ 아래 적은 8가지 항목별 월간 비용을 모두 합산해보면 됩니다.	

1. 고정 비용

예산항목	월간예산	연간예산
총계		

2. 건강한 일상생활

예산항목	월간예산	연간예산
총계		

3. 풍요로운 일상생활

예산항목	월간예산	연간예산
총계		

4. 자녀 육아 및 교육비

예산항목	월간예산	연간예산
총계		

5. 가족의 행복

예산항목	월간예산	연간예산
총계		

➤ 월간 비용을 중심으로 합산해주세요. 연간 단위로 드는 비용은 '연간비용'에 쓴 후 월간비용으로 환산하여 월합계로 합산해주세요.

월간 수지차: 월평균소득액 − (월간지출액 + 월간저축액 + 월대출상환액)

월간 저축액	
월대출상환액	

월간 수지차	

➤ 수지차 흑자상태 : 새는 돈이 있어 체계적 돈관리 시급
➤ 수지차 적자상태 : 규모에 맞는 소비예산 수립 필요

6. 차량 관리 및 유지		
예산항목	월간예산	연간예산
총계		

7. 남편 지출		
예산항목	월간예산	연간예산
총계		

8. 아내지출		
예산항목	월간예산	연간예산
총계		

매월 저축 계획	
저축항목	금액
총저축예산	

매월 부채상환계획	
부채항목	월상환액
총부채상환예산	

〈연간현황표〉

① 수입내역

항목	수입일	1월	2월	3월	4월	5월	6월
고정수입액							
수입내역							
비정기수입1							
수입내역							
비정기수입2							
수입내역							
수입 합계							

② 고정지출 현황표

항목	지출일	1월	2월	3월	4월	5월	6월
지출 합계							

	1월	2월	3월	4월	5월	6월
③ 변동지출 합계						
④ 대출 상환 합계						
⑤ 매월 지출액 합계						
⑥ 예산 外 특수지출액						
⑦ 매월 저축액						
⑧ 매월 총지출액 합계						
수지균형 (수입-총지출)						

7월	8월	9월	10월	11월	12월	총 수입	월평균수입액

7월	8월	9월	10월	11월	12월	총 지출	평균지출액

〈변동지출표〉　201　년　　월

(항목)		
전월이월금		
날짜	내역	금액
합계		
결산		

(항목)		
전월이월금		
날짜	내역	금액
합계		
결산		

(항목)		
전월이월금		
날짜	내역	금액
합계		
결산		

예산				총지출금액		
(항목)				(항목)		
전월이월금				전월이월금		
날짜	내역	금액		날짜	내역	금액
합계				합계		
결산				결산		
(항목)				(항목)		
전월이월금				전월이월금		
날짜	내역	금액		날짜	내역	금액
합계				합계		
결산				결산		

〈변동지출표〉   201   년   월

(항목)		
전월이월금		
날짜	내역	금액
합계		
결산		

(항목)		
전월이월금		
날짜	내역	금액
합계		
결산		

(항목)		
전월이월금		
날짜	내역	금액
합계		
결산		

예산		총지출금액	

(항목)			(항목)		
전월이월금			전월이월금		
날짜	내역	금액	날짜	내역	금액
합계			합계		
결산			결산		

(항목)			(항목)		
전월이월금			전월이월금		
날짜	내역	금액	날짜	내역	금액
합계			합계		
결산			결산		

〈변동지출표〉　　201　년　　　월

(항목)		
전월이월금		
날짜	내역	금액
합계		
결산		

(항목)		
전월이월금		
날짜	내역	금액
합계		
결산		

(항목)		
전월이월금		
날짜	내역	금액
합계		
결산		

예산			총지출금액		
(항목)			(항목)		
전월이월금			전월이월금		
날짜	내역	금액	날짜	내역	금액
	합계			합계	
	결산			결산	
(항목)			(항목)		
전월이월금			전월이월금		
날짜	내역	금액	날짜	내역	금액
	합계			합계	
	결산			결산	

〈변동지출표〉　　201　년　　　월

(항목)		
전월이월금		
날짜	내역	금액
합계		
결산		

(항목)		
전월이월금		
날짜	내역	금액
합계		
결산		

(항목)		
전월이월금		
날짜	내역	금액
합계		
결산		

예산		총지출금액	

(항목)		
전월이월금		
날짜	내역	금액
합계		
결산		

(항목)		
전월이월금		
날짜	내역	금액
합계		
결산		

(항목)		
전월이월금		
날짜	내역	금액
합계		
결산		

(항목)		
전월이월금		
날짜	내역	금액
합계		
결산		

〈변동지출표〉 201 년 월

(항목)		
전월이월금		
날짜	내역	금액
합계		
결산		

(항목)		
전월이월금		
날짜	내역	금액
합계		
결산		

(항목)		
전월이월금		
날짜	내역	금액
합계		
결산		

예산			총지출금액		

(항목)			(항목)		
전월이월금			전월이월금		
날짜	내역	금액	날짜	내역	금액
합계			합계		
결산			결산		

(항목)			(항목)		
전월이월금			전월이월금		
날짜	내역	금액	날짜	내역	금액
합계			합계		
결산			결산		

〈변동지출표〉　　201　　년　　　월

(항목)		
전월이월금		
날짜	내역	금액
합계		
결산		

(항목)		
전월이월금		
날짜	내역	금액
합계		
결산		

(항목)		
전월이월금		
날짜	내역	금액
합계		
결산		

예산		총지출금액	

(항목)			(항목)		
전월이월금			전월이월금		
날짜	내역	금액	날짜	내역	금액

합계		합계	
결산		결산	

(항목)			(항목)		
전월이월금			전월이월금		
날짜	내역	금액	날짜	내역	금액

합계		합계	
결산		결산	

부록

〈변동지출표〉　201　년　　월

(항목)		
전월이월금		
날짜	내역	금액
합계		
결산		

(항목)		
전월이월금		
날짜	내역	금액
합계		
결산		

(항목)		
전월이월금		
날짜	내역	금액
합계		
결산		

예산			총지출금액		
(항목)			(항목)		
전월이월금			전월이월금		
날짜	내역	금액	날짜	내역	금액
	합계			합계	
	결산			결산	
(항목)			(항목)		
전월이월금			전월이월금		
날짜	내역	금액	날짜	내역	금액
	합계			합계	
	결산			결산	

〈변동지출표〉　　201　년　　　월

(항목)		
전월이월금		
날짜	내역	금액

(항목)		
전월이월금		
날짜	내역	금액
합계		
결산		

(항목)		
전월이월금		
날짜	내역	금액
합계		
결산		

합계		
결산		

예산			총지출금액		
(항목)			(항목)		
전월이월금			전월이월금		
날짜	내역	금액	날짜	내역	금액
	합계			합계	
	결산			결산	
(항목)			(항목)		
전월이월금			전월이월금		
날짜	내역	금액	날짜	내역	금액
	합계			합계	
	결산			결산	

〈변동지출표〉　　201　년　　　월

(항목)		
전월이월금		
날짜	내역	금액
합계		
결산		

(항목)		
전월이월금		
날짜	내역	금액
합계		
결산		

(항목)		
전월이월금		
날짜	내역	금액
합계		
결산		

예산				총지출금액		
(항목)				(항목)		
전월이월금				전월이월금		
날짜	내역	금액		날짜	내역	금액
합계				합계		
결산				결산		
(항목)				(항목)		
전월이월금				전월이월금		
날짜	내역	금액		날짜	내역	금액
합계				합계		
결산				결산		

〈변동지출표〉　　201　년　　　월

(항목)		
전월이월금		
날짜	내역	금액
합계		
결산		

(항목)		
전월이월금		
날짜	내역	금액
합계		
결산		

(항목)		
전월이월금		
날짜	내역	금액
합계		
결산		

예산				총지출금액		

(항목)				(항목)		
전월이월금				전월이월금		
날짜	내역	금액		날짜	내역	금액

합계				합계		
결산				결산		

(항목)				(항목)		
전월이월금				전월이월금		
날짜	내역	금액		날짜	내역	금액

합계				합계		
결산				결산		

〈변동지출표〉　　201　년　　　월

(항목)		
전월이월금		
날짜	내역	금액
합계		
결산		

(항목)		
전월이월금		
날짜	내역	금액
합계		
결산		

(항목)		
전월이월금		
날짜	내역	금액
합계		
결산		

예산			총지출금액		
(항목)			(항목)		
전월이월금			전월이월금		
날짜	내역	금액	날짜	내역	금액
합계			합계		
결산			결산		
(항목)			(항목)		
전월이월금			전월이월금		
날짜	내역	금액	날짜	내역	금액
합계			합계		
결산			결산		

적정 소비 생활

ⓒ 박미정 2016

초판 1쇄 발행 2016년 1월 11일
초판 5쇄 발행 2019년 12월 17일

지은이   박미정
펴낸이   이상훈
편집인   김수영
본부장   정진항
편집2팀   허유진 김경훈
마케팅   조재성 천용호 박신영 조은별 노유리
경영지원   정혜진 이송이

펴낸곳   한겨레출판(주) www.hanibook.co.kr
등록   2006년 1월 4일 제313-2006-00003호
주소   서울시 마포구 창전로 70 (신수동) 화수목빌딩 5층
전화   02-6383-1602~3
팩스   02-6383-1610
대표메일   cine21@hanibook.co.kr

ISBN 978-89-8431-952-3 03320